2 纵横捭阖

王光波 编著

浙江工商大学出版社
ZHEJIANG GONGSHANG UNIVERSITY PRESS
·杭州·

图书在版编目（CIP）数据

秦史 / 王光波编著 .—杭州：浙江工商大学出版社，2022.1（2024.1 重印）

（有料更有趣的朝代史 / 胡岳雷主编）

ISBN 978-7-5178-3861-6

Ⅰ.①秦… Ⅱ.①王… Ⅲ.①中国历史—秦代—通俗读物 Ⅳ.① K233.09

中国版本图书馆 CIP 数据核字（2020）第 083063 号

秦 史
QIN SHI

王光波 编著

责任编辑	张晶晶
封面设计	吕丽梅
责任印制	包建辉
出版发行	浙江工商大学出版社 （杭州市教工路 198 号　邮政编码 310012） （E-mail: zjgsupress@163.com） （网址：http://www.zjgsupress.com） 电话：0571-88904980，88831806（传真）
排　　版	北京东方视点数据技术有限公司
印　　刷	唐山富达印务有限公司
开　　本	787mm×1092mm　1/32
印　　张	28
字　　数	594 千
版 印 次	2022 年 1 月第 1 版　2024 年 1 月第 3 次印刷
书　　号	ISBN 978-7-5178-3861-6
定　　价	198.00 元（全四册）

版权所有　侵权必究

如发现印装质量问题，影响阅读，请和营销与发行中心联系

联系电话　0571-88904970

目 录

第一章 再度羸弱：不堪一击的低潮期

康公不如意 _ 003

此仇不报非康公 _ 009

士会归晋 _ 015

晋楚是死对头 _ 021

这一仗很悲催 _ 027

秦国走上了下坡路 _ 033

烽烟再起 _ 039

和平的时代 _ 046

秦廷上的哭声 _ 052

吴越的纠葛 _ 058

第二章 商鞅变法：一个国家最好的机会

祸不单行的时代 _ 067

新的敌人 _ 072

是到改革的时候了 _ 078

惠公的绝地大反击 _ 084

窃国者诸侯 _ 090

公子连力挽狂澜 _ 096

改革之路 _ 102

千古一王 _ 108

商鞅从西边来了 _ 114

变法就是图强 _ 121

孝公要东进 _ 127

再起动荡的时代 _ 133

第三章　合纵连横：玩转四方得渔利

惠文王要当励志帝 _ 141

合纵连横 _ 147

河西是老秦家的 _ 152

张仪我来了 _ 158

一张嘴说动一个国 _ 164

逸言一捅就破 _ 170

公孙衍的合纵 _ 176

见证奇迹的时刻 _ 182

陈轸不辱使命 _ 188

当魏相是个阴谋 _ 193

合纵再起 _ 199

团结才有力量 _ 204

韩国来了公孙衍 _ 209

义渠之乱 _ 215

第一章

再度羸弱：不堪一击的低潮期

康公不如意

秦穆公二十四年（前636），当重耳被穆公派兵护送回晋国时，有一个年轻人因和重耳关系甚密，因此特意为他践行，并写了一首诗来送别。诗曰："我送舅氏，曰至渭阳。何以赠之？路车乘黄。我送舅氏，悠悠我思。何以赠之？琼瑰玉佩。"（《诗经·秦风·渭阳》）这首格调清新、略有忧伤的送别诗衬着大西北的彪悍背景，听来令人深感凄凉。

这首诗歌是秦穆公的儿子赵罃所写。赵罃是秦穆公和妻子穆姬所生，穆姬便是晋献公的女儿，晋惠公和晋文公的姐姐，因此这样算起来，赵罃便是晋文公的外甥。其实他们的关系倒也不仅仅限于甥舅，因为晋文公的妻子文嬴正是自己的姐夫，所以赵罃还应该叫晋文公一声姐夫。

总之，这种基于政治联姻所形成的关系错综复杂，讨论起来也没有多大意义。唯一有意义的事，是赵罃在秦穆公去世之后便接替了他的位置，成了秦国国君，是为秦康公。

这个秦康公似乎和他的父亲有点不一样，在他的心里，藏着一个文人的影子，这点从那首送别诗里便可窥见一二。或许因为这种差别，才决定了秦国历史的走向：从秦穆公的积极突破、创立辉煌，转回到了秦康公的宁静守成。当然，便是再宁静，都会有一点小起伏。就在秦康公即位之初，他的邻国晋国便对他开了一个玩笑。

秦康公即位不久，正在雍城王宫里计划着秦国的未来。忽然，从晋国来了两个使者，一个叫先蔑，一个叫士会。他们来到了秦康公面前，向康公说出了这次拜访秦国的目的：请秦康公送当时正在秦国担任亚卿的晋文公之子，晋襄公的兄弟公子雍回国继位。

原来，晋襄公在秦穆公去世不久后便也跟着他离去了，这对开起秦晋争端的冤家在同一年而逝，历史在某个时候总是如此有趣。晋襄公去世，晋国当然也要寻继位之主。可是为什么不找晋襄公的儿子呢？当时晋襄公的儿子夷皋还年幼，而连年和秦国、狄人征战的晋国，国内已经陷入了不安定的困境，让一个年纪尚小的孩子来掌管这个局面，怕是难以应付。因此，在晋国大臣的商讨下，他们便决定迎回时在秦国的公子雍。

当然，晋国的公子还很多，为什么偏偏要找回公子雍？这里面当然有公子雍为人优秀的因素，其实，更重要的，正如晋国大臣赵盾所言，公子雍在秦国久住，和秦国的关系较好，若公子雍继位，秦晋或许能回到以往的友好状态。

秦康公对于晋国的这个请求，倒也没有拒绝的理由，再说，自己让公子雍回去当晋君，这就好像当年秦穆公护送重耳回国一样，如此得意之事，哪有不为的道理？因此，秦康公慷慨地答应了晋国使者的请求，并亲自领兵送公子雍返回晋国。

就在秦康公高兴地护送着公子雍回国的时候，从晋国那里忽然又传来了一个事变：晋国决定改立襄公之子夷皋为晋君。这个突然事变令秦康公感到莫名其妙，这不是晋国在耍自己吗？原来，事情的变化起因于夷皋的母亲穆嬴。

这个穆嬴和一般的后宫佳丽并不两样，也是耍尽心计只为巩固自己的位置，既然要巩固自己的位置，最好的方法便是让自己的儿子当上国君。因此，就在士会两人前往秦国请求晋康公护送公子雍回国的时候，穆嬴便在为如何让自己的儿子当上晋君而绞尽脑汁。

穆嬴并无什么大计，想到最后她也只能拿出女人惯有的招数——一哭二闹三上吊。她每天都抱着自己的太子来到大臣们议事的朝堂，然后令夷皋放声大哭，自己也随着夷皋的哭泣，一边啜泣一边抱怨大臣们为何要放弃太子另立他人。穆嬴做的也没有那么简单，她知道当时臣子中说话最有分量的是赵盾，因此她特意抱着夷皋来到赵盾的府里，向赵盾叩头乞求。这就让赵盾吓坏了，这穆嬴是什么人，让她来给自己叩头，自己不折寿也该叫人骂死。因此，最后实在承受不了穆嬴的无理取闹，赵盾也只好顺从了她。

这个赵盾是赵衰的儿子，赵衰历经两代，是文公、襄公时的大臣，因此赵氏累积下来的威望，使得赵盾可以成为襄公之后的朝中一把手。再加上赵盾此人能力出众，又具权谋，因此襄公之后的晋国政权，便形成了由赵盾一人掌控的局面。既然赵盾在晋臣中如此有威势，那么他说一，臣子们也就不再说二。最后，当他决定改立夷皋为晋公时，众臣也就将就地同意了。

就这样，穆嬴的计策成功了，她的儿子夷皋托了母亲的福，顺利坐上了晋公的位子，是为晋灵公。

这时候，晋臣中就有人不高兴了，这人便是先蔑。先蔑作为晋国使臣，前往秦国和秦康公做出了迎立公子雍的约定，谁料自己刚回国，晋国就又做出了这个反复的决定，而自己作为晋国代表出使秦国，晋国这样失信于人，不就意味着自己失信于人吗？心有不平的先蔑立即找上了赵盾，想要和他理论。

但是先蔑的理论非但不能让赵盾后悔，相反的，他反而提醒了赵盾一点，那便是晋国此时已经失信于秦了，也就是说，秦晋之间的裂缝又大了一寸，这样，与其等秦国因恨来犯，倒不如自己先出兵制之。因此，赵盾不顾先蔑的感受，立即派出军队前往阻击秦国。

晋军悄悄而行，不久便在令狐地区（今山西临猗附近）望见了远远行来的秦军。晋军毫无声息地袭击了秦军，秦军在毫无防备之下大败。当时先蔑和士会两个人随军参战，其实他们就是对出尔反尔的赵盾心有不满，因此特意找个机会投奔了秦国。

秦康公本就为晋国的失信而感到心有不满，此时又忽然传来了晋国出兵攻击护送公子雍军队的消息。秦康公怒从中来，这让他心里的自尊彻底受损，自己一上位就被晋国摆了一道，叫他以后的威严往哪儿摆？从此以后，历史宣告了秦晋之间的和好已经成了不可能的事实，这会儿，当镜子越破越大，秦晋之间的战争也将越来越烈。

令狐之败后，秦康公一直惦记着这个耻辱，时刻想着有机会必要报回这个仇。因此，就在短短的一年后（前619），秦康公在坐稳了秦君的位置后，立即出兵晋国。这次复仇之战，秦康公顺利攻占了晋国的武城（今陕西华县东北）。晋灵公也不示弱，在两年后（前617）对秦国实行报复，夺回了秦国的少梁。秦康公随即做出反应，一举攻下了晋邑北徵。看来，秦晋之间陷入了长久的拉锯战。

这种小打小闹的战斗积累多次后，便也足以成为发动大战争的理由。在秦康公又发展了秦国两年后，他决定要亲率大军出征晋国，让晋国尝一尝苦头，也让世人知道他秦康公并不是一个只能上别人当的傻瓜。

秦康公的挑战书来到了晋国。晋灵公年幼，当时的晋国政权也就顺理成章地掌握在赵盾手里。赵盾看到秦康公的挑战书，并没有太大的惊讶。毕竟，秦晋之间的战争又不是什么新鲜事，而关于这场战争，晋国也不是就必定会败。因此，赵盾嗤笑一声，你秦国一步都越不过我们晋国，还敢来下挑战书，还是回去西北打打你的戎人吧。在这种自负之下，胸有成竹的赵盾便因此接下了秦国的战书。

当然，赵盾的自负是有理由的，毕竟秦晋之间确实不见上下，因此赵盾对于秦军的侵犯，根本毫无理由会去恐惧。但是，在即将发生的这场战争中，既然秦康公如此有信心，就意味着他掌握了必胜的法宝。而赵盾也因为忽略了这一点，差一点使得此战成为晋国永恒的耻辱。

这个法宝，就是当初因不满赵盾而逃到秦国的人——士会。

此仇不报非康公

秦康公即位还不满一年，就让晋国的赵盾开了一个大大的玩笑。对此深深挂怀的康公在五年后开始实行他规划已久的对晋大战。这次秦晋争霸的又一次大战发生在河曲（今山西芮城西风陵渡黄河转弯地区）之地，史称河曲之战。

河曲之战一开始由秦军掌控了主动权。在秦康公的亲自督军之下，将士们无不奋发拼搏、勇往直前。在战事的初期，士气高涨的秦军进展顺利，一举攻下了晋国的羁马（今山西永济南里）。突破晋国边防后，秦军继续往前，不久便推进到了河曲。

秦军在河曲遇到了赵盾率领的晋军，难以继续突破，两军遂于河曲对峙。

见秦军如此威武的队伍列阵在前，赵盾倒也没露几分惧色。但是，赵盾并不是一个喜欢凭着性子来的人，如果是这样，他也没办法掌控晋国政权这么多年。赵盾是一个谨慎的人,一个深思熟虑的人,面对秦军前来,他虽无对战败的畏惧,却也必须小心行事。因此,他唤来了谋臣臾骈,请他说说自己的想法。

这个臾骈是晋国的军事能人,他分析了双方情况后,便得出了一个战略——鉴于秦军远来,臾骈希望赵盾坚守不出,挫败秦军的锐气。赵盾采取了谋臣臾骈的计策,决定和秦军打持久战。因此赵盾令人高筑营垒,坚守不出,待秦军军心散乱时再做进攻之计。

赵盾的深沟高垒彻底挡住了秦康公的进攻,令康公不得越雷池一步。这种情况对于主动挑起战争的秦国自然是不利的,因此康公召来了归降于自己的晋国大臣士会,向士会询问如何才能打破这个僵局。士会想了一下,对秦康公做出了分析。士会认为晋军的部属必是晋臣臾骈的计策,如果能除掉这个人,那么两军对峙的僵局将不难攻破。

但是要如何除掉臾骈呢?秦康公继续询问士会。

士会说臾骈是除不掉的,但是,他向秦康公说出了另一个人的名字——赵穿。赵穿是赵盾的堂弟,又是晋襄公的女婿。其人养尊处优,骄奢蛮横,对军事一无所知,却又好勇狂妄。他对于臾骈担任上军辅佐赵盾一事早就深有不满。因此,士会想到,如果能利用他们两人之间的矛盾,或许将有办法激出晋军。

秦康公听到这里,急忙让士会想个办法。士会脑筋一转,一个点子便出现了。士会让秦康公下令，令轻兵疾进挑战赵穿，如此，定能将赵穿激出。康公听从了士会的计策，便命士兵照令而为。

秦军在赵穿营外不断发出挑战的声响，喊得赵穿心痒难耐。本来，养尊处优的赵穿性子就冲，哪能容人如此挑战？再者，赵穿对于臾骈的不满也令他有了不愿服从臾骈命令的想法，毕竟，他自己认为他赵穿身为驸马，还怕他臾骈吗？因此，秦军根本不需要付出太多心力，便将赵穿给激了出来。

秦军见赵穿领部队而出，按照秦康公的命令立即退回。赵穿不谙军事，又性子冲动，当时的他哪能想到那么多，二话不说立即下令追杀秦军。有人将赵穿追击秦军的消息报告给了赵盾，赵盾听了吓了一跳。赵盾明白赵穿此去凶多吉少，若赵穿被秦军俘虏，那就大大挫败了晋国的威势。何况赵穿作为晋襄公的女婿，到时上面怪罪下来，自己又怎么能担当得起？因此，赵盾为保全赵穿，不顾臾骈的劝阻，立即下令晋军主力出击。

赵盾打破了本来的坚守之计，这点正好着了秦康公的道儿。秦康公见晋军主力全出，心里偷偷一笑，立即下令秦军主力迎战前来追击的晋军。两军一相遇，战车相错，戈戟相交，天地顿时昏暗了下来，似乎一场决定生死的大决斗已经来到了眼前。

但是，这一个重重的"但是"将两军都拉回去了。秦晋两军刚一交锋，便在各自主将的命令下往后撤退了。看来，本来极有可能发生的一场大决斗在秦康公和赵盾的谨慎性子下失去了它出场的机会。在这两位谨慎主将的带领下，秦晋之间想要打出一场出彩的战争，也是怪难的。

秦康公刚和晋军一照面，便产生了退却的念头。可是秦康公想要退回，却又害怕晋军趁机前来追击，因此他在谋臣的帮助下，想出了一个办法。

秦康公为成功撤退，故意写了一封战书给赵盾。战书中说希望明天再来一场大决战。这封战书的目的在于掩人耳目，秦康公企图以这封战书骗过晋军，然后自己悄悄地撤退。但是，道高一尺魔高一丈，秦人中有人能想到这个办法，晋人中自然也就有人能想到另一个克制它的办法。

这个人又是臾骈。臾骈见了这封战书，便认定了这是秦康公的计策。他认为言语放肆的康公其实心里已经在慌了，因此他提议赵盾应该趁机立即派兵攻击。赵盾很听臾骈的话，立即着手开始做好攻击的准备。但是，赵穿此时又出来破坏了。

这个赵穿处处要和臾骈作对，当他得知臾骈向赵盾讲出这个计策时，立即拉来自己的亲兵挡在了大营门口。赵盾问他这是要干吗，他大声地宣称这是在拦阻晋军出击。因为赵穿有他自己的理由，他认为不先收殓死亡的晋兵就再上战场，这样做很不人道，又认为和人约定好时间，却从背后偷偷捅人一刀，这不是君子的作为。因此，有他赵穿在，他就不允许晋军做出这等不仁不义的事来。

赵盾见赵穿这样无理取闹，却也无可奈何。他就挡在大营门口，难道自己要从他的尸体上踩过去？这当然是赵盾想都不敢想的事。最后，臾骈的计划又在赵穿的胡闹下破灭了。

过了不久，前往侦查的士兵回来报告：秦军已经退兵了。赵盾和臾骈一听，深感遗憾，但事已至此，也只好退军了。

不久，秦军再次侵伐晋国，成功进入了晋地瑕邑（今山西芮城南）。秦军撤退后，晋国立刻在次年春天把詹嘉封在了瑕邑，其目的在于扼守秦军东出的要地桃林之塞（今河南灵宝附近，西接陕西潼关）。这样，秦国若想再从今陕西、河南、山西三省交界地区东进就非常困难了。

河曲之战令我们感到纳闷，它在秦康公声势浩大的挑战声浪下，却在两军刚一照面便立即结束，这就好像打了一天响雷，结果只憋出了一阵短暂的小雨，实在是无聊却又有趣。其实，这场战争对于秦康公来说还是较为有利的，毕竟有一个如此熟悉晋国的参谋士会在手。但局面如此，秦康公却还是表现得小心翼翼。如此看来，秦康公在此战表现出的谨慎其实已经有了优柔寡断、信心不足的嫌疑，也因为这样，康公那缺乏霸者气魄的性格显露无遗。看来，秦国想要称霸，在康公这位文人性格占大部分的君王这里，是难以实现了。

当然，此战虽无胜负，但它却着实让赵盾吓了一跳。比如激战赵穿从而突破晋军坚守策略一事，就让赵盾觉得秦国必有能人。而赵盾在战争中收到的情报也彻底证实了他的猜想，原来，秦国真的有能人。而令赵盾担心的是，这个能人竟然是以前为晋国效命的士会!

秦康公不可怕，可怕的是秦康公旁边的士会。士会在晋国多年，比晋国现在的许多臣子都更了解晋国的情况，这样的人如果让他留在秦国无疑是个大患。因此，对于这个问题，晋国六卿特意展开了一次讨论会议。而会议的结果毫无疑问地得出了一个结论——必须让士会回到晋国。

士会归晋

赵盾此人混迹晋国政坛多年，掌控晋国政权长达二十年之久。强势如他，却也难免有所顾忌。当赵盾差点在河曲之战着了秦康公的道时，他发现了此时令他最为顾忌的一个人。这个人如果还待在秦国，对于晋国是有大害而无一利。因此，赵盾必须想个办法解决这个问题。

这个让赵盾顾忌的人，正是士会。

士会便是著名的范武子，是晋文公时的臣子，在当年晋楚争霸的城濮之战中便崭露头角，始见于史。后来降于秦国，因其对晋国的了解，为秦康公的河曲之战提供了许多有用的计策。因此，赵盾对此异常挂怀。

河曲之战退军后，赵盾便就士会的问题招来了晋国六卿商讨对策。郤缺认为士会此人毫不自大，性格又柔顺，且足智多谋，将其召回是最好的解决方法。赵盾认为郤缺的话很有道理，士会本就是晋国的人，只是因为一场小小的事变才投向秦国，或许让他回心转意并不会太难。于是，关于士会的问题，这场会议达成了一致的意见——召回士会。

但是要召回也要有方法，在晋国执政内阁的集体讨论下，他们想出了一个很好的办法。

这个召回士会的重大任务落在了一个叫作魏寿余的人的身上。这个魏寿余本是魏氏之主，邻地与秦相接。

计划的第一步，赵盾派人将魏寿余的家属捕抓起来，并下令全国缉捕逃亡的魏寿余。看来，为了让士会回来，晋国这招玩得挺大的。

魏寿余装成被晋国缉捕的样子，一脸慌张地逃到了秦国，求见秦康公，希望秦康公能给予他帮助。秦康公接见了魏寿余，魏寿余在秦康公面前直述了晋国的罪恶，大斥赵盾擅自掌权，诬蔑自己，致使自己不得不逃往秦国。秦康公听着这些话，倒也没多大动心，他魏寿余被害关自己什么事，自己哪有那么多时间去管晋国的事情？

但是，魏寿余继续讲下去了。

魏寿余说他决定背弃晋国，投降秦国，如果秦康公能收容自己，那么魏寿余愿意将自己的采邑献给秦康公。康公一听，冷静的脸上顿时显现出笑容来，毫不费劲就得到一块地，何乐而不为？秦康公一口应允，并对魏寿余待如上宾。看来，康公已经忘了当年秦穆公被晋惠公所骗之事。

魏寿余忽然来投，这事在秦国大臣绕朝的眼里显得极其不正常，他揣摩了一下，觉得这个魏寿余怕是晋国派来的奸细，专来叫士会回去的。绕朝考虑到了这一点，立即将自己的想法上报给秦康公。但是，利益在前，秦康公不愿多想，以免失去这个到嘴的肥羊。因此，魏寿余就暂时在秦国住下了。

魏寿余受到秦人的猜忌，因此虽然很想往见士会，却又深感不方便，不敢大胆行事，免得前功尽弃。因此，在某天下朝时，魏寿余看准一个机会，悄悄地踩了一下士会的脚。两个眼神一相遇，真是无声胜有声，魏寿余的心声顿时传到了士会心里。

这士会知道魏寿余的来意，便仔细考虑起回晋的问题。

其实，士会当初会来到秦国，也是跟着先蔑来的。而一时之意总是难以代表永恒之思，因此，来到秦国后，士会便拒绝和先蔑来往，认为先蔑为人臣，遇事不力谏，却投往他国，实在是丢脸。而自己竟然是和先蔑一路人，因此时常感到惭愧。但自己已投降了秦国，晋人又怎么能接受自己呢？因此，既来之则安之，士会也只能在秦国待下去了。

而来到秦国后，士会发现秦康公一点也不像其父秦穆公，全然没有霸者气概的他柔过于刚，不适合当君王。因此，这一点也让士会对于前来秦国产生了更大的后悔之意。

看来，士会本就想要回到晋国，只是碍于骑虎难下，才久久迟疑。这时候，魏寿余给自己带来了信息：晋国想要自己回去。这真是正好合了自己的意！因此，决定下来的士会立即偷偷地给魏寿余带去消息，声称自己愿意和他回国，只要晋国能原谅自己当时的一时冲动。

魏寿余保证晋国已经原谅了士会，并表示非常欢迎士会回去。而士会只要和他演一出戏，那么回国的日子将近在咫尺。

这场戏是这样的：魏寿余先向秦康公上报，请秦康公派出一个使臣渡过黄河到魏国接受魏国的投降。秦康公大喜，立即亲率士兵来到黄河岸边。放眼东望，魏国的城邑在黄河东方若隐若现，这令康公激动不已。秦康公急忙向魏寿余询问该派出哪个大臣去招降。魏寿余平静地对秦康公说，希望秦康公最好找一个能和魏人交涉的晋人，而这个晋人最好在秦的地位要高。在秦国的官员里，同时符合这两个条件的只有士会一人，因此，魏寿余的话一出，秦康公想到的便立即是士会。就这样，秦康公立即派出士会前往魏国招降。

士会收到康公的任务，当然，他不是笨蛋，如果自己急于答应，势必会引起秦国臣子的怀疑。因此，颇有心计的士会使了一个欲擒故纵之招，他故意拒绝秦康公，对秦康公说："晋人，虎狼也。若背其言，臣死，妻、子为戮，无益于君，不可悔也。"先将晋人骂了一通，然后表示希望秦康公不要被晋人所骗。如此臣子，秦康公又怎么会怀疑他呢？

另外，这个计策还有一个用处，那就是保全士会在秦国的家人。士会对康公说，既然晋人奸诈，那么自己过河就极有可能被杀害，如果自己过河又没回来，那么只能代表自己被晋人杀了，希望康公不要怀疑是自己背叛秦国，从而杀了自己的家人。秦康公听了士会的话，笑士会这人真是多虑了，然后保证便是士会没回国，也不会杀害他的家人。士会这才装作勉强地接受了康公的任务。

就这样，士会作为秦使，准备跟着魏寿余渡过黄河，往晋国而去。而就在士会启程之时，绕朝忽然出现在士会面前。见到绕朝，士会大惊，因为这人曾经怀疑过魏寿余，此次前来，莫不是要来阻拦自己？

看来，是士会多虑了。绕朝这次来，只是递给了士会一卷简策，然后把脸移到了士会的耳边，让士会记住：这次士会之所以能成功回去，只是因为秦康公不听谏，而不意味着秦国没人看破他这个计策。

绕朝对士会的放话颇有为秦国抢回面子的气势，秦国有此忠臣，也不枉秦穆公努力了一生。但是，这话里也让我们看出了一点，那就是绕朝对秦康公的失望，秦国不是没人，只是君主不用而已。看来，秦康公的缺点在自己大臣那满怀遗憾的讲述里，再次暴露无遗。

士会听了绕朝的话，也知道秦人是不好欺的。当然，现在的他没时间想那么多，赶着回家的他，急忙和魏寿余整理好一切，打着秦国的旗号，渡过黄河而去了。待回到晋国时，士会受到了晋人的欢迎。从此以后，士会在晋国继续他的政治生涯，为晋国的发展做出了巨大的贡献，从而成了晋国历史上的名臣。

士会一去不复还，苦苦等待的秦康公方才恍然大悟。虽然有所恼怒，但自己当初已经答应了士会，不能伤害他的家人。因此，康公履行了他的承诺，非但如此，还将士会的家人护送回晋国，让他们一家重聚。

而关于绕朝这个人，《春秋事语》这本书里提供了一个关于他的不幸的结局。当士会回到晋国时，害怕这人在秦国会对晋国不利，因此士会令人在秦国国内散布谣言，说绕朝早就知道士会想回国，因此希望通过士会向晋国效力。秦国上下谣言一片，秦大夫们听到这个谣言，又想起当初绕朝曾经在士会回晋国之前找过士会，并给了他一卷简策。这样联系一下，便可大做文章。最后，秦康公在大怒之下，将士会回国的罪转嫁到绕朝身上，以通敌之罪处决了他。

可怜绕朝一片忠心，却落得如此下场。秦康公对待大臣的做法，比起秦穆公赦孟明视，实在是天地之别。

士会走了之后，因为秦康公的消极谨慎，秦晋之间的战争基本宣告暂时停止。而康公却也因此被晋国远远地堵在西北，没有往东前进的机会，也缺乏往东前进的决心。看来，正如《逸周书》中的《谥法解》里所说的："丰年好乐曰康，安民抚乐曰康，令民安乐曰康。"秦康公虽然在开阔疆土上不及穆公，但作为一个守成君主上，倒也不失其所。

当然，晋国愿意和秦国相安无事，也是因为在它的南方，楚国又一次蠢蠢欲动着。这时候，春秋的最后一个霸主，即将在楚国出现。

晋楚是死对头

秦康公带着秦国进入了一个文人般的宁静生活，但是，在春秋那种烽火狼烟的时代，宁静是找不到它的生存点的。秦康公十二年（前608），康公的死以及随之而来的共公即位，将再次把秦国带入和晋国的争霸战争中。与此同时，晋国南方的楚国也在觊觎着晋国。看来，晋国在这两个死对头的包围下，真是寸步难行。

康公死后，秦共公继承了父亲的位子。共公是康公的儿子，名稻，也有说名貑。秦共公在位仅短短六年，没有什么出彩之处，唯一见载于史的便是，秦国在这时候和晋国重燃战火。而这战火的挑起却是因为晋国赵穿的弄巧成拙。

要说这时的秦晋关系，还得先从楚国说起。

楚国自从楚成王死后，并没有像齐国在齐桓公死后那样陷入沉寂。相反的，楚国的继任者楚穆王，在稳定国内因成王之死而陷入的动荡政局后，大力往外发展，相继灭了多个小国，进一步控制了淮南、江北（今安徽中、西部）地域。楚国的国力在楚穆王那里成功改变了城濮之战后造成的劣势。

当年秦穆公和楚成王因利益相同站在了同一阵线，而齐国又从桓公死后便一蹶不振。这样的政治格局对于楚国的北上是很有利的，因此，楚穆王自然将眼光再次放在了晋国身上。楚穆王的对晋策略直接导致了两个对晋国不利的后果，其一便是楚国的侵犯，其二便是来自后方秦国的骚扰。在这种情况下，晋国明显感到了这个来自南方的压力。

为解决楚国的问题，晋国召开了一次紧急会议。会议由赵盾主持，商讨着如何应对当今晋国所处的不利格局。在这次会议里，晋国众大臣们纷纷献言，但是最后赵盾采纳的只有一个人的建议。这个人就是赵穿，赵穿认为晋国的当务之急是和秦国结盟。这是一个有战略眼光的做法，秦晋如果再结连理，楚国也难以嚣张。但是，让人不敢恭维的是，赵穿空有一个好的目标，却为这个目标提供了一个烂的方法——攻打崇国。

崇国（今陕西西安、户县一带）是春秋时期的一个小国，依附于秦国，是秦国的盟友。赵穿的这个战术有这样的用意：出兵崇国，作为它的盟国秦国必然出手相援，到时晋国可以崇国作为要挟，逼秦国与自己结盟。

赵穿提出的这个方法再次将他的公子哥儿性格暴露无遗。在他看来，秦国理所当然地会因为崇国而受制于自己。这里暗藏了另一个消息,即在赵穿眼里,秦国根本比不上晋国。这种大国心态将赵穿的嘴脸揭露得淋漓尽致。

让我们奇怪的是,这样一个馊主意竟然在赵盾那里通过了。看来,赵盾对于自己这个堂弟,实在是恭敬得过分了。不去管赵盾当时是晕了头,还是正在为自己未来在晋国的地位盘算着。总之,在这个建议被提出不久后,赵穿就在赵盾的支持下,率军直逼崇国了。

这时是秦共公即位第一年(前608)的冬天,寒风刚刮过大西北,晋军的西进便像一股巨大的旋风,呼啸着来到了崇国。面对这股飓风,秦人的心更寒了,好不容易得到的几年平静,最后还是破了。同时,这也激起了秦人的热血,既然身在乱世,就不当思平静无为之事。

晋国进攻崇国,这自然犯了秦国的禁忌,如赵穿所预料的,秦共公立即出兵援救。可是,在崇国一事解决后,正当赵穿准备好同秦国和谈的时候,秦共公便又立即领兵而归了。真是来也匆匆,去也匆匆,丝毫不给赵穿任何表现的机会。就这样,赵穿的计划泡汤一事再次显示了他的愚蠢——就连秦人都不愿和他坐下来聊聊天。

事情并没有到这里为止,赵穿虽然没有得到与秦国和谈的机会,倒是争取来了秦人的怨恨和不满。人家秦共公刚即位,晋国就欺负到他的头上,这当然让秦共公和他的拥戴者们感到愤怒。这就好像秦康公当年受到赵盾的欺骗一样,共公也在心里暗暗发誓：不报此仇，绝非好汉！看来，秦晋之间任何相结好的努力，在当时的政治格局下，基本是不可能了。

秦共公倒是比他的父亲爽快，说打就打。时间只过了一年，公元前607年的春天，秦共公便率领军队出兵晋国，以复仇之名包围了晋国的焦邑（今河南陕县南）。为解焦邑之围，赵盾亲自出手，领兵来到了焦邑。秦军见晋军大军而至，没有坚持多久便也退回了。

其实秦国也不需要和晋国大动干戈，因为那时候的晋国已经是忙得不可开交。对外除了秦国外，还和郑国有着战争。当时，郑国在楚国的支持下，逼得赵盾不得已而退兵。其实，在赵盾的退兵背后，还有着晋国自己的内部问题。

当晋灵公长大成人后，他和权臣的矛盾就必然激化。刚好，这个晋灵公又是个荒淫无道的君主，这便为赵穿弑君提供了一个借口。晋灵公被赵穿杀死后，由赵盾迎立时在周的公子黑臀，是为晋成公。晋成公即位，因赵盾迎立有功，因此仍然任其掌握大权。

从这里便可看出，在晋国当时，外忧内患的问题已经被当成一个严肃的问题来对待，而内部的政变又势必为楚国提供一个机遇。这一阵子，楚国做出了一件轰动世人的事情。

楚穆王成功挽回城濮之战后的劣势后，便去世了。这之后，他的儿子楚庄王即位。这个楚庄王也是个纨绔子弟，成日里喜爱玩乐，过着花天酒地的生活。在庄王即位的前三年，楚国好不容易收降的众多附庸国再次反叛。叛军联合直逼楚都，楚庄王却仍旧置身事外，毫无所动。

庄王的举动当然引起了楚国臣子们的慌张，这时，有一个叫作伍举的人就站出来讲话了。这个伍举进见庄王，对庄王讲了一只楚廷大鸟的故事，这只大鸟不飞也不叫，整整三年也不知道在等待什么。楚庄王虽然爱玩，却也是个聪明之人，他一听伍举之话，便明白话中有话。聪明的他笑了笑，无所谓地回了伍举：这只大鸟不叫则已，一叫起来是要吓死人的。

伍举一听，以为庄王下定决心要改过自新了，暗暗欣慰。可是，伍举一出门，庄王还是继续着他的花花世界，丝毫不见悔过。这让另一个楚国大夫也看不下去了，这个人叫作苏从。这天，他哭着来到了楚国宫廷。楚庄王一看，急忙问他在哭什么。苏从回答自己正为自己和楚国的命运而哭泣。庄王初听一怒，后情绪稳定下来，再思苏从所言，真有其理。想到这里，庄王忆起了当时伍举的劝谏，深感后悔。到了这个时候，楚庄王才真正准备去一鸣惊人。

这个楚庄王真是不鸣则已，一出手便成功达到了东抑秦西制齐的目的。这时候，徘徊在晋楚两国的郑国再次倚向了楚国，楚国的实力在庄王这里再次得到了它的证明。郑国的反复引起了晋国的不满，赵盾亲率大军进攻郑国，最后在楚国和自己国内的压力下只得退兵。此时，晋国内部因为灵公和赵氏之间的矛盾而忙得不可开交，楚庄王趁着这个当儿，亲率大军北上，直抵周天子都城洛邑附近,在那里陈兵示威。

周定王哪禁得起楚国这样的惊吓,急忙派出大夫王孙满前往楚营慰劳楚庄王。楚庄王见周使前来,便向王孙满询问九鼎的大小和轻重。这个九鼎可是当年大禹所铸,象征着天下九州,是天子权力的标志。楚庄王问鼎,其目的其实正是在询问着周王室权力的轻重,毫无掩盖地向世人暴露了他夺取王权的野心。

王孙满一听,倒是被楚庄王的野心吓到了。但是王孙满也不是个简单人物,他不慌不忙地回答楚庄王:"周德虽衰,天命未改,鼎之轻重,未可问也。"这话一出,倒让楚庄王对于现在的局势多了几分了解。确实,现在想要代周,楚国显然还未成气候。

楚庄王虽然最后从周土回国了,但是楚王问鼎的事件轰动了整个春秋时代,它作为一个标志,象征着楚国的实力已空前强盛。

楚国的强大令晋国担忧不已。这时候,晋国依旧夹在楚国和秦国之间,应付着这两个国家。不久后,楚国大败晋国,正式称霸。这为秦国提供了一个榜样,于是,和楚国一样,秦国也企图来个大败晋国。可惜,秦国似乎还不成气候。

这一仗很悲催

历史很快进入了公元前6世纪，这个世纪以晋国权臣赵盾的去世而宣告了另一个春秋格局的到来。赵盾的去世直接壮大了楚庄王的野心，也增加了他北上的雄心。当晋国在另一个执政者手里遭遇了它对于楚国的大败后，楚庄王顺利当上了春秋时代的最后一个霸主。与此同时，秦国和晋国的战争还在陆陆续续地进行着，但秦穆公的后人，在争夺霸业这方面，显然有些力不从心。

秦桓公元年（前604），秦国的君主从秦共公那里轮到了秦桓公这里。秦桓公即位的前几年无所作为，默默地在背后支持着楚庄王的霸业，也顺便看看死对头晋国该落到怎样的下场。秦桓公虽然没什么作为，但是他的好伙伴楚庄王却帮他实现了毕生所愿——大败晋国。

楚庄王强大后便时刻觊觎着北上攻晋，只是在前期，因为晋国还有一个赵盾存在，所以楚庄王一直没有机会欺负到它头上。要知道，楚庄王问鼎之后，晋国的威望却在赵盾的努力下仍旧持续着，一直到公元前602年，赵盾还有办法让晋国作为盟主，召集了中原各诸侯进行会盟。

但是，晋国好景不长。赵盾的去世让楚庄王看到了希望。可惜当时正值楚国周围的偃姓诸国发动叛乱，因此楚庄王失去了北上的好时机。又过了一年，晋成公在争霸的关键时刻撒手人寰，楚庄王彻底掌握了这个时机，开始北上，目标直指郑国。

当时迎击楚国的晋国大臣是郤缺。郤缺戴孝出征，联合郑军在柳棼大战楚国。这个郤缺不愧是赵盾钦点的接班人，一战下来，晋国成功打击了楚庄王的北进雄心，楚国败退。当然，一战败退并不会就此消磨掉楚庄王的决心，在此后，楚庄王还多次出兵郑国。这时候，晋楚之间的关系由战略争取转变为明刀明枪的军事争夺，两国之间的决战已经无可避免。

也是时势所趋，关键时刻郤缺去世了。这是晋国继赵盾去世后又一个令其山崩地裂的消息，晋国六卿面临着再次重组，而楚国也即将趁此机会继续它的北上计划。

郤缺去世后的第二年，楚庄王亲统楚国三军精锐，以令尹孙叔敖将中军，子重将左军，子反将右军，开始了他再次北进郑国的道路。这是楚庄王多次北进中最具规模的一次进军，看来，在如此猛烈的攻势之下，楚庄王对于晋国是势在必得了。

三个月后，郑国遭受不住楚军的围攻，背晋而降于楚。郑

国此举引起了晋国内部的骚动，以荀林父为代表的一方认为不该和楚国正面交锋，可是先縠却不听荀林父之劝，执意出兵救援郑国。荀林父得知先縠已领其所统部队渡过黄河试图援救郑国，恐其有失，只得率领全军跟上。

楚庄王得知晋军全军渡过黄河，虽有几分激动，也自有几分畏惧，当年城濮之战的失败历历在目，楚庄王哪能不谨慎？大臣孙叔敖也是这样想的，但是他看到了楚庄王犹豫不决，知道庄王心中常有争霸之意，怕其沉不住气，贸然出击，因此二话不说便自领中军开始撤退。

这时楚国有个小官叫作伍参，他认为晋国正卿荀林父刚上任，威望不足以摄众臣，而副手先縠又刚愎自用，兼之晋国六卿矛盾重重，难以有效地调动部队，这样一分析，此战晋国必败。伍参的话坚定了楚庄王的决心，楚庄王令孙叔敖回头北上，准备和晋国开始正面交锋。

晋国一面虽有荀林父这样的主和派，但是他并没有能力阻止好战派对于楚国的挑衅。赵旃、魏锜早不满荀林父，便私自到楚营谩骂楚军，试图挑起战争。楚庄王接受了这次挑战，亲率大军直逼晋军。晋军后退，楚军直逼到晋营附近。正在营里徘徊犹豫的荀林父听说楚军大军来临，一时不知所措，只好下令全军退向黄河。晋军在退军途中，士兵慌乱，舟船不足导致了晋军之间互相残杀。楚庄王乘乱追击，幸有士会等人的掩护，晋军才不致全军覆灭。

这是晋楚争霸之中的又一次关键战争——邲之战。邲之战后，晋国大败，结束了它由赵盾辛辛苦苦经营起来的霸业。而楚庄王在此战后饮马黄河，顺利地以一代霸主的姿态站上了历史舞台的中心。

当然，瘦死的骆驼比马大，晋国遭此大败，却也不至于一蹶不振。在荀林父等大臣的主持下，晋国还在为夺回霸权而努力着。虽然，自己的努力是可以控制的，但是，事态的进展却不是由自己来制定的。沉默多年的齐国到了齐顷公那里，便有了摆脱晋景公控制的野心。齐顷公的试图崛起为楚庄王成功联齐抗晋提供了一个保证。这时候，晋国像极了一个为家计而奔波的中年男人，失去了往昔的精力，但为了家庭兴旺，却不得不残喘地奋力争取。

让晋国忙的还不单单只有楚国和齐国，在晋国的西方，秦桓公也已经等了很久了。

秦桓公自知国力不行，只好看着晋楚争霸，暗暗观赏着两虎相斗。可是楚庄王哪能让他闲着。为扼制晋国，楚庄王联齐的同时也和秦桓公暗中联络着。不久，秦桓公看着中原战火不断，自己的心也痒起来了。秦桓公十一年（前593），桓公开始了他见载于史的首次出兵晋国之战。

当时晋国霸业中衰，又有楚国的支持，秦桓公遂毅然领兵东进，攻入晋国，进抵辅氏（今陕西大荔东）。晋景公正忙于北狄民族之事，忽然闻悉秦军入晋，急忙下令晋军回师西进，抗击来犯之敌。在晋景公的率领下，晋军进驻距离辅氏不远的雒（今陕西大荔东南）。

两军对峙，秦桓公先命秦国大将杜回领兵出击。这杜回是个有名的大力士，生得一副铜人长相，更兼身长一丈有余，力能举千钧，惯使一柄重达一百二十斤的开山大斧。据说这个杜回曾经一日拳打五虎，剥皮抽筋凯旋。面对这样的猛士，晋国派出了大将魏颗。这魏颗倒没有杜回这么具有传奇色彩，也没有杜回长得如此奇异。对于魏颗的评论，就是明礼敦厚一类词语。看来，单比武力，杜回还是挺有胜算的。

可是战争从来都不仅仅靠蛮力。杜回能赢老虎，只怪老虎无智，遇上了魏颗，他还是得俯首称臣。两军对战不久后，便传出了魏颗生俘杜回的消息。秦将杜回一败，秦军也就失去了士气，秦桓公无奈只得宣告此战失败，令全军退回。

其实，关于魏颗败杜回一事，还有一个美好的传说。传说杜回作战不用车马，只凭着一身蛮力便足以斩杀敌兵。魏颗见杜回如此勇猛，明白不靠智取是难以取胜的。于是魏颗便在草地设伏，将杜回引诱至此。正值两军大战之际，杜回忽然脚步不稳，一步一跌地，好像脚底被什么给绊住了，难以施展开来。魏颗往杜回脚下一看，正看到一个老人拿着一个用草编成的绳子套住了杜回的脚，使得杜回下身难以行动。站立不稳的杜回没坚持多久便摔倒了，魏颗趁机下令士兵生擒了杜回。

这个老人是谁？魏颗一直在疑虑着。就在胜利擒获杜回的那个晚上，魏颗做了一个梦。梦里出现了白天帮助自己生擒杜回的那个老人，这个老人对他说："你救我女儿的性命，今天我来回报你了。"

原来，魏颗的父亲魏武子曾经有一个爱妾。魏武子每次出征时都叮嘱魏颗，如果自己死掉了，那么一定要为这个爱妾选个良配，让她重嫁。可是后来魏武子病危时，神志不清，他对魏颗说，希望魏颗能在自己死后将这个爱妾作为殉葬来陪伴自己。待到魏武子死后，魏颗没有遵奉父亲临终的遗言，而是将父亲的这个爱妾重新嫁给了别人。魏颗的弟弟因此而怪魏颗，魏颗却认为一个人神志不清时说出的话是不能当真的，而他所遵奉的正是父亲神志清醒时候的遗愿。

魏颗的举动为自己收获了一个报酬，因此而被晋景公封于令狐（今山西临猗），其后代以祖上封地为姓，称令狐氏。

这便是著名的结草衔环典故中的结草一事。当然，这传说是不靠谱的，靠谱的仅仅是魏颗确实成功用计生擒了杜回。要知道，魏氏当时在晋国是不能算入一流家族的，秦国被晋国不入流的大夫所败，令秦人感到无比感慨。一句话，在当时的局面，秦国还是弱的。

秦桓公首次出兵晋国便大败而归，实在是悲剧。不过，秦桓公还没死心，他要继续努力，反正事态时常变化，自己保不准就能捡到个好时机。可是，令秦桓公想不到的是，他将成为秦国中衰的罪魁祸首。

秦国走上了下坡路

自晋惠公骗了秦穆公后,秦晋两国之间一般都是晋国在耍着秦国玩。当然,风水是轮流转的,秦桓公心想晋国前人摆了秦国前人几道,一定要找个机会给赚回来。这不,秦桓公这次就反过来耍了晋国一下。不过,这一耍造成的后果可不轻。

邲之战之后,晋楚两国仍旧持续着它们的争斗。到了秦桓公十四年(前591),一生戎马的楚庄王逝去,告别了他的霸业。继位的楚共王虽也有心将父亲的霸业发扬光大,然终究因其能力不足,楚国开始走向下坡路。十年后,晋景公也走了。晋景公走之前在晋国发动了一场轰动全国的运动——屠杀赵氏。赵同、赵括与其全族人都被景公一一杀死,后在韩厥的力劝下,景公才放过了一个赵家小孩子,令他作为赵氏后人。这便是赵氏孤儿的传说。

赵氏孤儿的事件表明了晋国内部权力斗争的复杂性。晋国自六卿制度制定以来，便注定了各权臣之间的势力争夺，这为晋国的政局稳定埋下了一颗令人不安的定时炸弹。

晋国内部政局不稳，这是每一个晋国君主都认识到的一个问题。继承晋景公的晋厉公也深有所感，因此他继位后便对内肃清权臣，但是这并不能取得太大的作用。对内只能暂时稳定局势，要让晋国安稳，还必须争取外国势力的支持。因此，厉公东和齐国，西约秦国，希望能将这几个大国从楚国那边抢夺过来。

秦桓公二十五年（前579），秦桓公收到了晋厉公的来信，厉公在信中表示希望能和秦桓公两人亲自在令狐（今山西临猗县西）相会，讨论一下两国的关系该如何走下去。秦桓公收到来信，一开始倒也很乐意，遂答应了晋厉公的请求，和他约定好在今年冬天相会。

晋厉公得知秦桓公答应了，心有所喜，想着这次应该能将秦国给拉拢回来，重新缔造以往的秦晋之好。想到这里，晋厉公迫不及待地等待着约定之日的到来。

日子到了，晋厉公激动不已，早早地便来到了约定之地等待秦桓公的来临。可是晋厉公等啊等，就是等不来使者的报信。桓公结果竟然是派出了大夫史颗代表自己来会见晋厉公。没人知道秦桓公在想什么，一开始答应了人家，最后来到了黄河以西的王城时却改变主意了。会不会是令狐这块土地勾起了秦桓公的哪段记忆？不管秦桓公在掂量着什么，总之他不去了。

秦桓公这么过分，晋厉公自然是该生气了。不过厉公倒也不想让这次会见还没开始就结束，毕竟能谈出个结果，厉公也是会高兴的。但是，也不能把脸面放得太低，过河是可以的，但不能亲自去。厉公心里想着，外交得平等，秦国派出个大夫，晋国哪能出个诸侯？因此，晋厉公便让郤犨作为晋国代表，渡过黄河来到王城会见秦桓公。

这次名为诸侯会见的盟约，却因为秦桓公的任性而失败了，最后只在两位大夫的主持下完成。当时晋国的范文子听说事情发展到这一步，便在心里琢磨着：秦桓公毫无诚信可言，这次会盟必定没有任何意义。

果然，如同范文子所预料的。这次会盟后不久，当秦桓公一回到他的秦都，立即就宣告背弃了这个盟约。非但如此，秦桓公还沟通了晋国的又一个老对手狄人，和狄人商量着如何联合进攻晋国。

秦桓公此举可谓不信不智。

不信是显而易见的。既然和人家约定了，为何最后又背约？难道秦桓公没有读过晋惠公的历史？当年晋惠公的反复无常引起了多少晋人的反感，秦桓公真该好好掂量掂量。至于不智，不信便是不智的一个表现。另外，秦桓公竟然还以为拉拢狄人共击晋国可以成功，他也不想想，自己和晋国的对战无一胜出，而狄人又是经常挨晋人的打，两个凑到一起，又能成什么大事？

如果说，秦桓公此举不过想给晋国以往的坑骗秦国报一箭之仇，那么他选择的时机也是错误的。国君背盟是直接扇对方国君的巴掌，这不敬程度是很高的。看来，秦桓公势必要为他的错误付出代价。

秦桓公背盟的消息传到了晋国，晋厉公大怒，决定好好教训一下这个说话不算话的西北诸侯。于是，秦桓公二十七年（前577），晋厉公联合了鲁成公，还顺带搬来周天子的重臣刘康公、成肃公，一起商量着攻打秦国。

晋厉公出兵秦国的第一招是从政治上的，他派出了大臣魏相（又称吕相）前来秦国面见秦桓公。这秦桓公正奇怪着，都要开打了，还派什么使者，却不知道晋厉公玩了一个正名的政治游戏。原来，厉公派出魏相来秦国是为了宣告秦晋之间的关系彻底决裂。

这个魏相一来到秦国，一见秦桓公便张开他的嘴巴，滔滔不绝地进行着他准备已久的演讲。魏相义正词严、大义凛然地念完了这一篇演讲，讲得秦桓公毫无反驳之力，只得目瞪口呆地看着这个口若悬河的晋使。

魏相的这篇演讲便是出名的《绝秦书》。《绝秦书》细数了秦国国君的种种不是，将秦国的国君们批得体无完肤，完全一副小人模样。《绝秦书》虽有雄壮威武之势，其实却是一派胡言。晋国在这书中是睁着眼睛说瞎话，将晋国的不是全推到秦国身上，其目的浓缩成两个字便是——绝交！

秦桓公领教完这魏相的口才,心里纳闷了,要绝交就直接说,干吗要走这奇奇怪怪的形式。但是,当秦桓公拿着《绝秦书》一看时,他才领悟了,原来在舆论上,自己已经输了晋厉公一大截。看来,文人倒也不是没用的。汉末三国时的陈琳的一篇檄文便骂得曹操汗流浃背,头风病竟不治而愈。而魏相绝秦再次为人们证明了一点:文化水平高点,既可以直中他人痛处又不失自己的优雅。

这书信只是个开头,随之而来的才是真枪实弹。秦桓公二十七年(前577)五月,晋厉公亲统大军,会合齐灵公、宋共公、卫定公、郑成公、曹宣公各自率领的本国军队,再加上邾国和滕国的军队,组成了诸侯联军,大军直抵秦国的麻隧(今陕西泾阳北)。

这麻隧距离黄河已远,已经属于秦国的腹地。此次八国联军直入秦国腹地,秦桓公急忙做好迎敌的准备。不管桓公做出如何的准备,都注定改变不了这场战争的结果——秦军失败。想来也是正常,一个晋国就够秦国受了,何况是多国联军。

这场麻隧之战算得上是春秋历史上规模较大的战争之一,据部分史料估计,当时晋国联军兵力约十二万人,秦国兵力为五六万人,总和便有十七八万,这个数字在当时是很大的。也便是因为这么大的数字,秦国之败便也败得很大。当时秦国在麻隧败退后,还被晋军追击到侯丽(今陕西礼泉境内),侯丽距离秦都更近,已经是秦国的内地了。秦国自和晋国开打以来,这还是第一次让人欺负到如此地步。

麻隧之战的失败直接宣告了秦国的衰弱，秦桓公也因此成了秦国中衰的始作俑者。经此一败，秦国基本无力和晋国正面抗衡，晋国也因此稍微对这个西方的敌人放下心来。而晋国也因为这次战争而顺利完成了秦、狄、齐三强服晋的部署，这时，中原霸主实属晋国。

当然，晋国的强大势必引起楚国的不服，不久，两国将再起大战。

至于秦桓公这人，经此一败后，基本没有精力去管理这个他撑不起的国家了。麻隧之战后的次年（前576），秦桓公便向这个混乱的世界告辞了。秦桓公倒也不是一个昏庸无道之君，只是在治理国家方面显得能力有所不足，这一点和他的祖父秦康公、父亲秦共公都是一样的。看来，秦国在这三位君主手里，注定了这个国家走向平庸的历史。

烽烟再起

秦国在走着下坡路，但是，中原大地仍旧战火连绵。就在秦桓公去世后的第二年，也就是公元前575年，晋楚之间爆发了它们之间继城濮之战、邲之战后第三次，也是两国最后一次主力军队的会战——鄢陵之战。鄢陵之战宣告了春秋时代另一个格局的到来，此后世界基本渐入沉寂。

这段时间掌握秦国政权的国君是秦景公。秦景公也作秦僖公，是桓公之子。秦景公有点不幸，因为在他接手秦国的时候，秦国已经在他父亲秦桓公那里遭受元气大伤的经历。这样的秦国是不能有太多争霸的念头的，它能做的就是乖乖地待在自己国内，休养生息，抚平麻隧之战带来的伤痕。

秦景公就是这样想的，因此，在他继位的头十三个年头内，秦国没有发生任何大的动静。此时的秦国又回到以前秦文公时代那个谨慎的国度，不同的是，秦文公那时是在发展，而秦景公此时是在恢复。

秦景公也是幸运的，因为当时的时代背景提供了他可以专注于恢复的条件。那时候，晋国正和楚国为了霸业而闹得不可开交，对于秦国，它们都只想拉拢，而不愿再多动干戈，为自己多树一个敌人。秦景公对于此自然也是高兴的，他现在的任务就是慢慢恢复国力，然后在一边看着晋楚之间的动态。

晋楚两国自开打后就矛盾重重，虽然在晋厉公二年（前579），两国在宋国的出面斡旋下，曾在宋国的西门外结盟休战。但是，利益作为根本诱因，使得这种休战协定注定了其难以兑现的事实。短短三年后，楚国便表现了它的不讲信义，主动撕毁了这个盟约，两国因此又陷入胶着。

秦景公二年（前575），在郑国又一次颠倒了它的政治立场，由晋国那边倚向了楚国后，晋楚之战的矛盾进入了白热化的地步，一场决战已经难以避免。

这场决战的开始是由宋郑两国挑起的。郑国和宋国起了矛盾，打了几场架。自己的盟国宋国被打，而且是被背叛自己的郑国打，晋厉公当然不能咽下这口气。因此，晋国便准备兴兵伐郑。郑国得知晋国亲自出手，急忙向楚国求救。楚国当然也不能示弱，所以它也出动大军相救郑国。

两军一齐出动，最后大军在鄢陵（今河南鄢陵）相遇，展开了晋楚两国争霸的第三次大战——鄢陵之战。鄢陵之战一开始不分胜负。后楚国主将子反喝了几碗酒，待楚共王要找他议事时，竟然发现他已经喝得烂醉如泥，躺床不起。因为这件事，楚共王整颗火热的心瞬间寒了下来，一个主将竟然在两军决战时做出如此荒唐的事来。主将大醉，而敌军又已经做好准备，在无人掌军的情况下，楚共王也无可奈何，最后竟然引军夜遁。

楚共王所以会退军，倒也不是仅仅因为子反醉酒那么简单的事。很明显，从这里已经可以看出楚国争霸的力量已经被大大削弱。因此，鄢陵之战虽没有大胜负，但是它作为春秋时代的最后一场大战，标志着楚国对于中原的争夺已经走向颓势，而晋国却因为此战令楚国退军而再次确立了自己的中原霸主地位。但是，晋国内部的卿大夫权力相争的局面依旧复杂，因此，政局动荡的晋国虽有霸主之名，却也失去了霸主之实。

但是，历史还是眷顾晋国的。后晋厉公因国内政变而死，继承他位子的是他的侄子，是为晋悼公。晋悼公是晋国难得的又一位贤明君主，他继位后便大力整顿起厉公留下来的混乱朝政，罢黜佞臣，重用贤官。而后又着手解决百姓的生计问题，发展经济，从而安定了晋民之心。

晋悼公上任三把火把一个晋国治理得蒸蒸日上。晋国在一番整治之后，混乱的朝政得以稍见安定，国力也有所增加。在这种情况下，晋国想要复霸的希望便增大了不少。果然，在解决好国内问题后，晋悼公便着手开始了他的对外战争，而这次对外战争顺利地降服了郑国和一部分戎人。要知道，郑国这个实行墙头草政策的国家，它的立场对于晋楚两国霸主的地位确认是很重要的。因此，郑国的再次归附无疑重新确立了晋国的霸主地位，晋国的复霸在晋悼公这里实现了。

晋国的再次强大非但令楚公王不服，还让当时在秦国安静地过着日子的秦景公不服。秦景公蛰伏了十几年后，已经觉得国力恢复到有权涉足中原的程度了。因此，当他看到晋悼公大合诸侯的时候，他就不高兴了，心里嘀咕着这个死对头现在怎么又过得那么风风火火了。

秦景公不高兴，当然就要采取点对策来压压晋悼公这小子的气焰。秦景公明白和自己有相同心理的还有一个楚共王，因此景公便再次和楚国合作。为了巩固两国间的合作关系，秦景公还将自己的妹妹嫁到了楚国，成了楚共王夫人。

这个政治联姻还是有点用处的，当秦景公准备开始他的伐晋事业而请求楚国相助时，虽然楚国有大臣劝楚王拒绝这个请求，但楚共王最后还是答应了秦景公。就这样，秦景公十三年（前563），景公出兵伐晋，楚共王进驻武城，为秦军后援。这场秦楚联军发动的战争声势之大，又吓到了郑国，郑国因此又归附了楚国。看来，晋国虽称霸，却始终不能到达一国独大的地步。

秦景公的首次出兵晋国并没有大的收获，仅仅是作为再次和晋国对抗的声明。此战之后，秦晋之间又开始持续数年的战争。直到秦景公十五年（前561）夏天，秦景公的伐晋事业才有所突破。

这年，依附于楚的郑国再次侵宋，晋国领着齐、卫等国出兵伐郑以救宋国，首鼠两端的郑国即刻又向晋国求和。楚国得知郑国屈服于晋国后，一怒之下也准备出兵伐郑。和当年秦景公找自己帮忙一样，楚共王此次也派出使者到秦国请求支援来壮壮自己的声威。

秦景公豪爽地同意了妹夫的请求，命令右大夫詹率师随楚共王伐郑。楚军一到，还未交兵，郑国郑简公便立即开门迎接，跟着楚军一起伐宋。晋悼公得知消息，立即派出大军救援宋国。此时秦景公在秦国得知晋悼公出兵救援宋国的消息，立即看准这个时机，派出庶长鲍和庶长武率军伐晋。庶长鲍率领一支军队先渡过黄河，晋国的留守将领士鲂一看，认为秦军人少不足为患，因此戒备不严。晋国的大意直接导致了自己的失败，当庶长武带领部队渡过黄河和庶长鲍会师时，晋国再临时部署也已经来不及了。这一年，秦军在栎地击败了晋军，这是秦景公对晋的第一次胜利，意味着秦国在秦景公的精心照顾下，实力已经有所恢复。

晋悼公对于栎之败一直耿耿于怀，不久，他便找到了一个报仇的机会。

这是发生在秦景公十八年（前559）的事。在这之前一年楚共王去世，趁着楚君新逝之机，晋悼公率领了中原各诸侯国共十三个联合出兵伐秦。这可是比秦桓公时的多国联军声势更大啊。但是，当这些诸侯再次来到了秦国泾水时，却失去了当年勇渡泾水的豪气。这是因为秦国较之以前强大了，还是诸侯联军较之以前心虚了？

犹豫了一段时间，后来在鲁国的起头下，诸侯们才一个个小心地渡过泾水去。但是，这一渡实在无异于在渡忘川河，因为心狠手辣的秦景公早在泾水上游投毒。毒水顺着泾水流下，不知情的联军士兵一喝下这水便立即见阎王去了。就这样，当渡过泾水后，联军的士兵已经少了一大半。

联军经此挫折，进到秦国腹地后又不见秦景公出门迎战。战线被秦景公越拉越长的联军已经失去了进军的热情，最后联军统帅荀偃在不得已下只得下令退兵。结果，这次声势浩大的十三国联军最终落得个无功而返的结果。后来，晋人为自嘲这次如此窝囊的进军，便将这次行动称为"迁延之役"。

"迁延之役"中秦国的成功全赖于秦景公的坚忍。秦景公知道自己无力对抗十三国联军，因此采取了拖敌战术，将敌军的进攻战线拉长，消磨敌军的士气。看来，秦景公也不失为一位明君。

关于"迁延之役"，还有一个后续。当时十三国联军全退，秦军趁机进击。晋国大臣栾针认为此次是来报栎之败的，如果无功而返那便会成为晋国的耻辱。因此栾针和士鞅带领着自己的部下折回杀入秦军之中。栾针和士鞅势单力薄，很快便败在秦军手下，栾针阵亡，士鞅逃回。

士鞅逃回后，栾针的哥哥栾黡就不高兴了。栾黡说是士鞅唆使他弟弟杀回秦军，才会导致他弟弟的死亡。士鞅迫于栾黡的压力，最后只能出逃晋国，投降秦国。

秦景公接见了士鞅，向士鞅询问了一些晋国的情况。一番对谈之后，秦景公觉得士鞅颇有知人之明。最后，为了让士鞅可以安全回国，怜才的秦景公特意派人去见晋悼公，为士鞅求情。从这件事中，我们也可以看出秦景公惜才爱才以及为人厚道的优点。

迁延之役后的几十年间，秦晋之间没有发生大的战事。这之后，春秋时代即将迎来它的一个难得的和平时代。当这个和平时代过后，另一段历史——战国时代也即将到来。

和平的时代

公元前6世纪下半叶,春秋时代的中原地区进入了一段难得的和平时期,虽然期间也会发生一些小的战斗,但总的来说,这段时期的主题还是和平。究其原因,其实也没有太大的悬念。毕竟,经过那么久的你争我夺,再大的骆驼都会有瘦到比马小的一天。因此,为恢复各自的实力,各国都期盼着和平的到来。

当时晋国的赵武、郑国的子产都提出了这种看法,只是苦于没有人来组织,因此常常沦为空论。这时候,宋国有一个叫作向戍的大臣,他向来和赵武的关系不错,因此当他得知赵武有这种想法时,立即产生了将这个想法化为实际的动力。

想要成功让战乱的时代获得平静,一个一个国家去奔走游说的方法所能起到的作用是很小的,因为对彼此的猜疑难以让如此多的国家达成一致的看法。向戍深知这点,因此他采取了擒贼先擒王的战术——要让世界和平,就要找掌管整个世界的主人。

当时的大国有秦、晋、楚、齐四国，若能让这四个国家先点头，那么其他小国也就没有叫嚣的理由了。因此，向戌先来到晋国，和赵武一起说服时任晋国国君的晋平公。向戌的首次出手便以成功收场，第一个国家点头了。这之后，向戌又来到楚国，楚国见晋国点头，自己也就接受了向戌的游说。第二个大国又点头了，向戌的进程还是挺顺利的。

晋、楚都答应了，接下来就剩下齐国和秦国了。向戌亲自来到了齐国，向齐景公说起了他的和平想法。令向戌感到兴奋的是，齐景公也毫不犹豫地点头了。接下来，剩下最后一个秦国了。为尽早结束这项工程，向戌派人快马加鞭前往秦国，向秦景公提出了他的看法。

秦景公收到了宋国的弭兵请求，而后又听说晋、楚、齐三大国都答应了这个请求，心想自己当然也不好孤立于外，因此也就顺水推舟地支持了这次弭兵行动。

其实，在向戌派人来到秦国的前几年，秦景公便和晋国做出了缔结盟约的尝试。那是秦景公二十八年（前549）的事，秦晋两国再次约好和谈。只是这次和谈和上次秦桓公的令狐之盟一样，两国国君没有直接对面谈话，而是互派使者通信。直到两年后（前547），秦景公亲自来到晋国重申两国之好，这才算真正达成了结盟的协议。

秦景公所以倾向于和晋国暂停烽火，其目的也便是想找个机会来休养生息，毕竟自己再和晋国这样牵扯下去也难成正果，那倒不如让自己多修炼一下，这也是他接受向戌弭兵的一个原因。而晋国接受这次弭兵建议的原因也不外乎此。当时的晋国非但对外要处理和晋、楚、齐三大国的关系，更让晋军头痛的还是晋国内部六卿的权力之争——这大大削弱了晋国对外的实力，因此晋国自然也要考虑弭兵。而至于楚国，楚国自鄢陵之战败退后，霸业就基本走着下坡路。而在春秋时代的后期，在江南又有一个叫作吴国的国家正在崛起，吴国的崛起直接限制了楚国的发展，因此楚国想要暂停一下争斗，也是理所当然的。

就这样，在各有打算的情况下，四大诸侯都同意了这次弭兵会盟。而既然四大诸侯都同意了，那些小国也就没有拒绝的道理，更何况，和平才是实力弱的国家所想要的。因此，弭兵会盟通过了大家的赞成，计划在秦景公三十一年（前546）于宋国开展。

会议途中，楚国的子木代替楚康王对主持人向戌提出了一个要求，即要求晋国的盟国朝拜楚国，楚国的盟国朝拜晋国。向戌向晋国的赵武传达了子木的意思，赵武觉得这事有点不妥。因为赵武认为晋国的盟国中有齐国，而楚国的盟国中有秦国，而齐、秦两国是和晋、楚两国并列的大国，要让这两个国家屈尊于晋、楚，只怕人家不愿意。向戌觉得此言有理，便去请教楚康王。康王也是明理之人，最后决定除掉齐、秦两国，让其他的小国互相朝拜两大国。

达成一致后，会议便顺利达到了停战的目的。向戌弭兵的圆满是一个众所期望的结果，无论是各诸侯王，还是各国的平民百姓，都为有这一个短暂的和平时代而感到庆幸。同时，它作为春秋时代临近结束的一个大事件，具有代表性地指出了春秋时候缺乏一个可以独大的国家，因此难以形成统一的局面。而难以统一就意味着和平的持续只能是短暂的，因此向戌弭兵其根本是一个治标不治本的行为，没有统一，就难以和平。

但不管怎么说，现在总算是平静一点了。秦景公也深感欣慰，因为自己总算可以不用那么忙于外国的事了。但是，外面的事不忙，无聊之下就要想想国家内部的事了。这时，秦景公想到了他的弟弟。

秦景公有个亲弟弟，名针。秦桓公在世时非常疼爱这个小儿子，因此针的权势甚重，自然要引起秦景公的猜忌。

当时秦景公有一条令自己非常心爱的猛犬，谁知兄弟同心，针也喜欢上了这条狗。于是，针向秦景公说出了自己的心声，希望哥哥能将这条猛犬送给自己。秦景公本来对针就多有猜忌，这时针竟然明目张胆地要自己最心爱的宠物，这令景公更加不高兴。当然，不高兴是不高兴，自己又能怎样？总不能因为一条狗就判自己弟弟的罪。因此景公最多也只能拒绝针，而不能有进一步的行动。

可是这针真不是个善看脸色的人，他竟然不明白哥哥对自己的心思，还以为哥哥是不愿意将这条狗白送给自己。因此针提出了要用百两黄金来买景公的这条狗。这话一出，景公更气了，你一个公子而已，竟然敢拿钱来压我。虽然针没这种意思，但景公却认为针这是在赤裸裸地侮辱自己，这次他理都不理针，留下这个弟弟在那里为哥哥的绝情而莫名其妙。

倒是景公的母亲懂得儿子的心思，她担心针会出事，因此立即对针说出了景公的想法，让针找个时机逃出国去。针这才恍然大悟，自己不知不觉就被打入了哥哥的黑名单，慌张之下只得出奔晋国。针出奔晋国其实也是在向秦景公明确自己的态度：我无意争夺秦君之位。

针来到晋国后，以大礼招待晋平公。晋平公见这个秦国公子那么慷慨，大喜地接受了他。但是晋国的叔齐看了这样的排场之后，却认为针必定不会久留，同时认为针不会久留的还有一个赵武。叔齐只是偷偷跟晋平公说出自己的想法，这个赵武则更加直接，当面问针何时会归秦。

针也是个正直的人，不爱拐弯抹角。他坦白地承认自己是担心被秦君放逐，所以出奔到晋国，待到秦国换了新君，也便是自己回国的时候了。

赵武见针如此坦然，觉得这是一个可以深谈的人，于是接着问他对秦景公的看法。针诚实地表明了自己的态度，说他认为秦景公这人只有两个字可以形容——无道。赵武接着问：既然无道，那么秦国会灭亡吗？针对这个问题回答得很得体，他认为一个国君无道并不会造成国家灭亡，只有连续多代国君无道，国家才有灭亡的可能。

那么秦君会死吗？赵武继续问道。针对这个问题，做出了一个预测，他认为秦景公活不过今后五年。

世上总有如此巧合的事，不出针所料，四年以后，秦景公四十年（前537），景公便去世了。针也于当年回到了秦国。

秦景公或许不是个有雄心壮志的君王，但可以肯定的是，他也不像针形容的，是个无道的君主。景公保持了秦国的基业，不让自己在四大国之中落下一点一滴，在当时险峻的环境下，这也算得上是大功一件了。当然，相较于秦穆公时代缔造出的伟业，秦国在这几代是怎么也比不上的。

秦景公死后，历史的重心从中原往东南方向移动了。对于继承秦景公的秦哀公来说，他和东方国家的情分，似乎比和中原国家还来得深。

秦廷上的哭声

秦哀公三十一年（前506）冬天，哀公处理完政事，正准备来个午间小憩。忽然，宫外一声凄厉的呐喊震破了秦宫的宁静，这着实让哀公吓了一跳。这一声呐喊过后是一段惊天动地的哭声，哭声凄绝无比，似母亲失了孩子，又如妻子没了丈夫，叫人心寒。

这哭声是怎么回事？

心绪不宁的秦哀公立即命人去探询。过了一会儿，派出的人回报，原来是楚国的大夫申包胥正在外面为楚国而哭。秦哀公一听，有些不悦。楚国关他哀公什么事，你一个申包胥还打算将楚国的霉运带到秦国吗？哀公是这样想的，但是当时秦楚还有盟约，因此哀公也不好意思赶走申包胥。后来哀公想了想，你申包胥能哭几天，我不理你，你还能不知趣地走开？

这是什么情况？申包胥身为楚国大臣，竟然甘心低下脸面来秦国做这等哭闹之事？原来，此时的楚国正值灭国之际。

历史从来都不安静，在中原各国签订了停战协议后，东南这边还时有不平的声音。这声音来自楚国和吴国，这两个国家之间的争夺，形成了春秋后期的另一道风景。

吴国一开始只是东南的一个小国，后到了吴王寿梦（前585—前561）这一代，才开始和中原有所联络。吴国在寿梦那里实现了它的强大，而后便开始了联合晋国和楚国相争的历史。

到了秦哀公二十二年（前515），吴王僚趁着楚平王驾崩之际出兵楚国，取得了一个小胜利。吴王僚高兴地班师回朝，举行了一场庆功宴。却不知螳螂捕蝉黄雀在后，就在吴王僚出兵楚国的时候，国内有一个叫光的公子已经暗暗地筹划了他的政变行动。

在庆功宴上，一个叫作专诸的刺客将匕首藏在鱼腹之中，待鱼上桌时，专诸趁机抽出鱼腹里的匕首，刺杀了吴王僚。吴王僚在懵然之中去世了，这一切的筹划者公子光顺利当上了吴国国君，是为吴王阖闾。

吴王阖闾是个有见识的君主，他当上吴王后，便开始四处网罗人才。也是吴国该兴，这时候正好有一个从楚国逃亡的臣子来到了吴国。吴王和这个亡臣在一番谈话之后，具有政治胆识的他立即赋予了这个亡臣大权，使其得以在政治改革上大展身手。没有让阖闾失望，这个从楚国来的人才将一个吴国治理得兴盛发达，非但如此，他还向自己推荐了一个军事能人。

这个楚国亡臣就是伍子胥，这个军事能人就是孙武。

伍子胥的父亲是楚国大臣伍奢，曾在楚国当过太子太傅。后楚平王因怀疑太子有异心，遂迁怒于伍奢，将伍子胥的父、兄骗到郢都杀害，只剩下伍子胥只身逃往吴国。伍子胥在他的逃亡路上几经挫折，甚至有过韶关时一夜变白发的传说。或许夸张了点，但它表明了这个伍氏孤儿的悲惨经历。

这种悲惨经历势必引发伍子胥的仇恨心理，就是在这次逃亡路上，伍子胥发誓有朝一日一定要亲自杀了楚平王，以泄心头之恨。伍子胥就是带着这种仇恨心理来到吴国的，后因自己的才能受到了阖闾的重用，于是便在吴国开始了他实行报复的路程。

之前，在阖闾政变中，有吴国公子掩余逃奔徐国，公子烛庸逃奔钟吾（今江苏宿迁）。后来阖闾想要算这笔旧账，因此要求两个国家分别将这两个公子遣送到吴。两位公子怕有差错，不愿回国，只好求救于楚国。楚国自来与吴国有隙，因此接收了两位公子，还待为上宾，为其筑城。

这件事直接促成了吴楚两国的决战。吴王阖闾在出兵灭了徐国和钟吾后，便和伍子胥、孙武等商讨伐楚策略。

伍子胥先用"彼出则归，彼归则出"的轮替骚扰战术，在消磨楚国精力的同时也麻痹了楚国，令楚国感觉吴国根本不敢和自己正面决战。而惯于外线作战的楚人，也根本不会想到吴国正准备着一场直入自己腹地的战争。

麻痹楚国后，伍子胥和孙武便开始着手解决补给的问题，毕竟要直入楚国内地，军资的迅速补给是很重要的。恰在这时，在楚都滞留了三年之久的蔡、唐二侯被楚国令尹释放。这二侯对楚国恨之入骨，希望能有国家站出来攻打楚国，而自己则愿做前锋。

当时晋国没有答应二侯的请求，最后由吴国承应了下来，于是，三国组成了反楚联盟，吴国出兵，蔡、唐两国分担补给工作。

补给问题解决了，阖闾立即率领吴师出兵楚国。楚国毫无心理准备，面对吴军的来袭，节节败退。到了鲁哀公三十一年（前506），吴军已经直逼柏举（一说今湖北麻城，一说应在今安陆一带），在柏举之战中大败楚军。楚军败退，吴师进逼楚都郢都。

十天后，吴军顺利攻破了郢都，楚昭王提前出逃，留下一个空宫让给了吴国君臣。楚国的国都这时候沦落成了吴国的一个城池，楚国上下哀恸一片。让楚人更加伤心和愤怒的还不仅仅于此，就在吴国攻破郢都后，伍子胥为报父兄之仇，还特意将平王的坟墓掘开，鞭打平王的尸体。

如此耻辱，正道的楚臣哪个能忍？于是，申包胥就出面了。

这个申包胥和伍子胥是故友，当年伍子胥出逃楚国后，曾对申包胥说："我必复（通"覆"字）楚国。"申包胥也不遑多让，回应伍子胥说："勉之！子能复之，我必能兴之。"（《左传》)对这个约定的坚持以及怀着一颗爱国之心，申包胥发誓必要救回楚国。

当时能救楚国的只有秦国，于是，申包胥不辞辛苦，"跋涉谷行，上峭山，赴深溪，游川水，犯津关，躐蒙笼，蹶沙石，跖达膝曾茧重胝，七日七夜，至于秦廷"（《吴越春秋》）。

来到秦国见秦哀公后，申包胥向哀公请求出兵救楚，但哀公不应。秦哀公的态度令人费解，因为哀公的女儿曾被楚平王纳为夫人，而这位楚昭王就是秦哀公的亲外孙，对外孙不屑一顾，这实在称不上一个仁慈的外祖父。另外，楚国若灭，秦国便失去了联合对晋的坚实盟友，这难道对秦国有益吗？

但是，秦哀公还是拒绝了出兵援救。也因为哀公的绝情，才有了这一节一开始的申包胥哭秦廷之事。

一开始，哀公也不去理会申包胥多可怜，任凭他一个人痛心地哭。但是，哀公毕竟不是铁石心肠之人，当申包胥哭了七天七夜后，哀公终于被打动了。最后，心软了的秦哀公接见了申包胥，大餐招待了这位近于虚脱的爱国忠臣，还为此送给了他一首诗歌，诗曰：

岂曰无衣？与子同袍。王于兴师，修我戈矛。与子同仇！

岂曰无衣？与子同泽。王于兴师，修我矛戟。与子偕作！

岂曰无衣？与子同裳。王于兴师，修我甲兵。与子偕行！

这便是出名的诗篇《无衣》。《无衣》充分体现了秦人那雄壮的豪迈之心以及那钢铁般的坚强斗志。这诗后来在秦国多为传唱，成了激励士兵、凝聚力量的文学工具。

这首诗歌体现了团结的精神，申包胥一听就知道秦哀公准备出兵援救楚国了。果然，不久后哀公便发兵车五百乘救楚，最终在楚军残部以及楚国百姓的共同作战下，数次大败吴军，直至将吴军逼出了楚地。

秦哀公大破吴师，顺利帮助楚国复国，做出了他见载于史的一件大事。除此之外，哀公的一生平平庸庸，再也没有出彩的记载。秦国自秦桓公走上下坡路后，到了秦哀公及其前几个后代这里，还在持续着这场衰落。秦国在这段时期已经失去了历史的青睐，晋、楚和齐似乎也不见过得多风光。

本来的四大国暂告沉默，取而代之的是东南土地上的两个国家——吴、越。于是，历史开始讲述属于吴越的春秋。

吴越的纠葛

秦哀公三十六年（前501），哀公结束了他掌管秦国的任务，前往天国陪他的祖辈们去了。可是哀公是带着惭愧的脸色去的，因为，在哀公之后直到春秋时代的结束，秦国的历史基本进入了一个隐晦不明的时代。

为何隐晦不明？只能说史官对这段历史不感兴趣。为何不感兴趣？只能说秦国的影响之于这段历史无异于小鸡要比凤凰。看来，秦国还没结束它衰落的命运。

秦哀公死后，连续由秦夷公（未正式即位）、秦惠公、秦悼公来执政。这三代君王执政期间，秦国基本无事可言，好像被历史抛弃一般，只好自己躲起来玩自己的游戏。倒是秦国的邻居在秦惠公四年（前497）发生了一场大变，这场大变将晋国本来的六大家族逐出了两家，最后只剩下智、赵、韩、魏四家，为不久的三家分晋开了一个头。

另外还值得一说的就是，这段时期，正好是伟大的圣人孔子周游列国的时期。孔子周游列国，为君王讲述他的仁义之道，可是值得注意的一点是，这次伟大的文化苦旅中却没有秦国的名字。当时秦国虽走下坡路，但好歹也算个大国，孔子连卫国这样的小国都去了，如何会放过秦国？其实，这还要从晋国说起。

当时孔子正准备去晋国，来到了晋国边境天井关下一山村，忽见有一群孩子在玩一个游戏——用石头筑成城市，可是这个城市妨碍到孔子的路了。当孔子请求孩子们为他让出一条路的时候，这群孩子中有一个叫作项橐的就说了："只有车绕城，而无城让车。"小小年纪就能说出这样的话，对礼制的诠释令孔子感到钦佩。于是孔子便拜这个小弟弟为师，然后令弟子们绕"城"而车。

这之后，孔子又走了一段路程。忽然，在他面前跳出了一只松鼠，只见这只松鼠手里捧着一颗核桃，然后彬彬有礼地对着孔子作揖。孔子一看，大为惊异，心想晋国的孩子和动物都如此懂礼，那么那些高官贵族更不用说了。因此，孔子不愿继续往前去班门弄斧，只好默默地回去了。

这就是民间流传的"孔子回车"典故。当然，孔子既然没去晋国，那么对于远在晋国之外的秦国也就自然而然地不去拜访了。其实，这都是戏说。不过，如果我们愿意将这个传说和孔子没去秦国的原因相结合，那么我们就会发现一个事实，这个事实就是秦国永远的痛——晋国阻挡了秦国多少的好事！

不管怎么说，秦国和孔子是无缘了。但是，有一个关于秦悼公的传说却很美好。传说，在秦悼公年间，老子李耳曾经骑着黄牛离乡西行，过函谷关，最后来到了咸阳面见秦悼公。这是一个具有神话色彩的传说，看来，秦国虽无缘于儒，倒是有缘于道。当然，我们都知道，无论是儒还是道，都不是秦国最后的选择。

前面几件事都是小事，要说在这段秦国的低潮期里，春秋时代最轰动的事自然是吴越两国之间的故事了。

秦惠公六年（前495），吴国完成了权力交接仪式，由夫差来继承阖闾的位子。夫差继位后，首要任务便是报仇。报什么仇呢？原来阖闾在之前曾经出兵越国，结果败于越王勾践，身死于此战。为报此仇，夫差励精图治，继续重用老臣伯嚭和伍子胥，伺机出兵越国。

越国是东南土地上的一个小国，在之前的中原诸侯争霸中从未露过脸面。到了越王允常时，越国才开始壮大起来，并和邻国吴国起了冲突，这才有之后的吴王阖闾败于越王勾践一事。

再说勾践在秦惠公五年（前496）即位时，因顺利战胜阖闾并使得阖闾阵亡，名声遂震于吴越地带。刚即位就打赢一场胜仗，这让勾践多少骄傲了起来。看来吴国也不过就是颗软柿子，

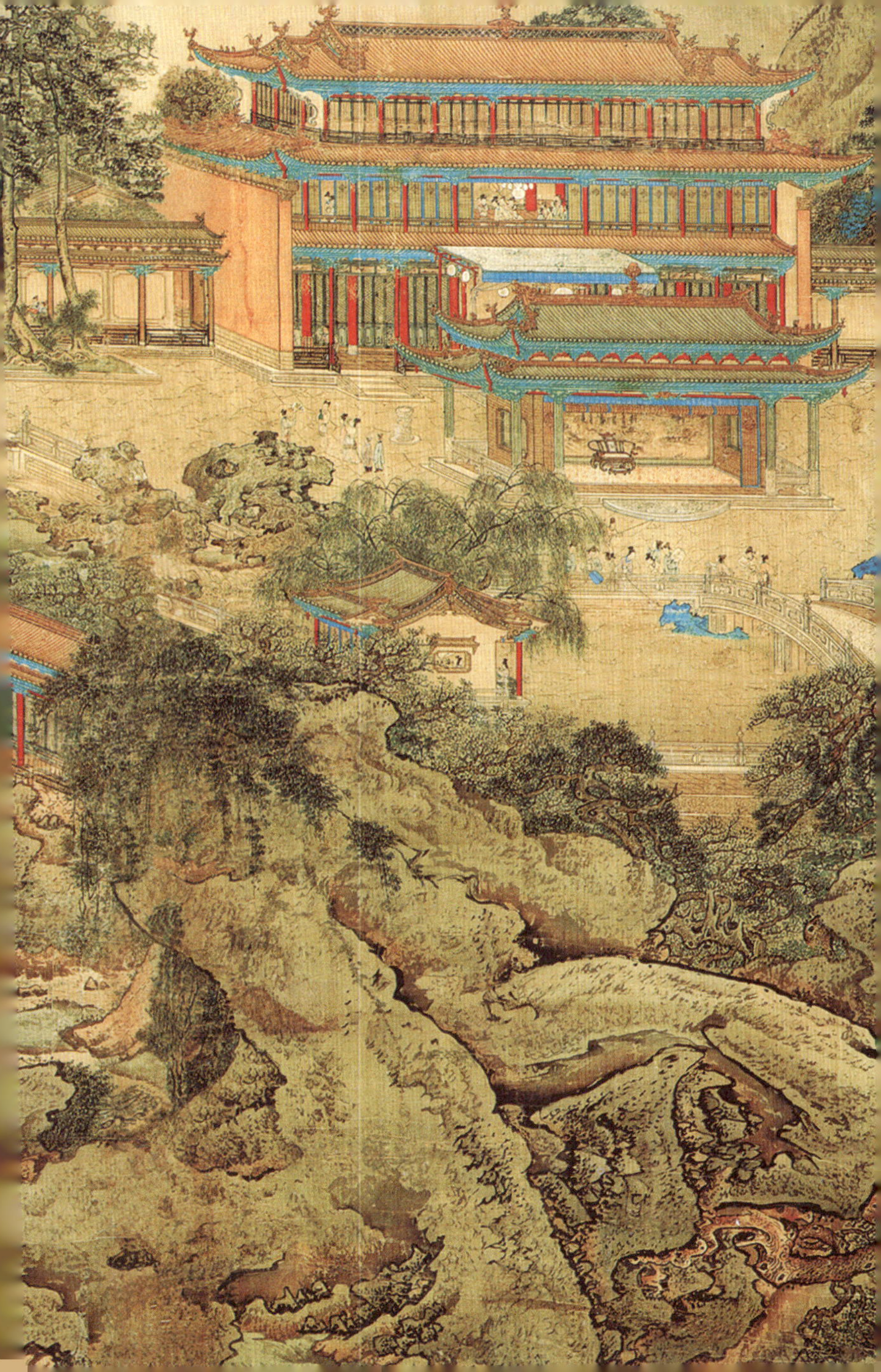

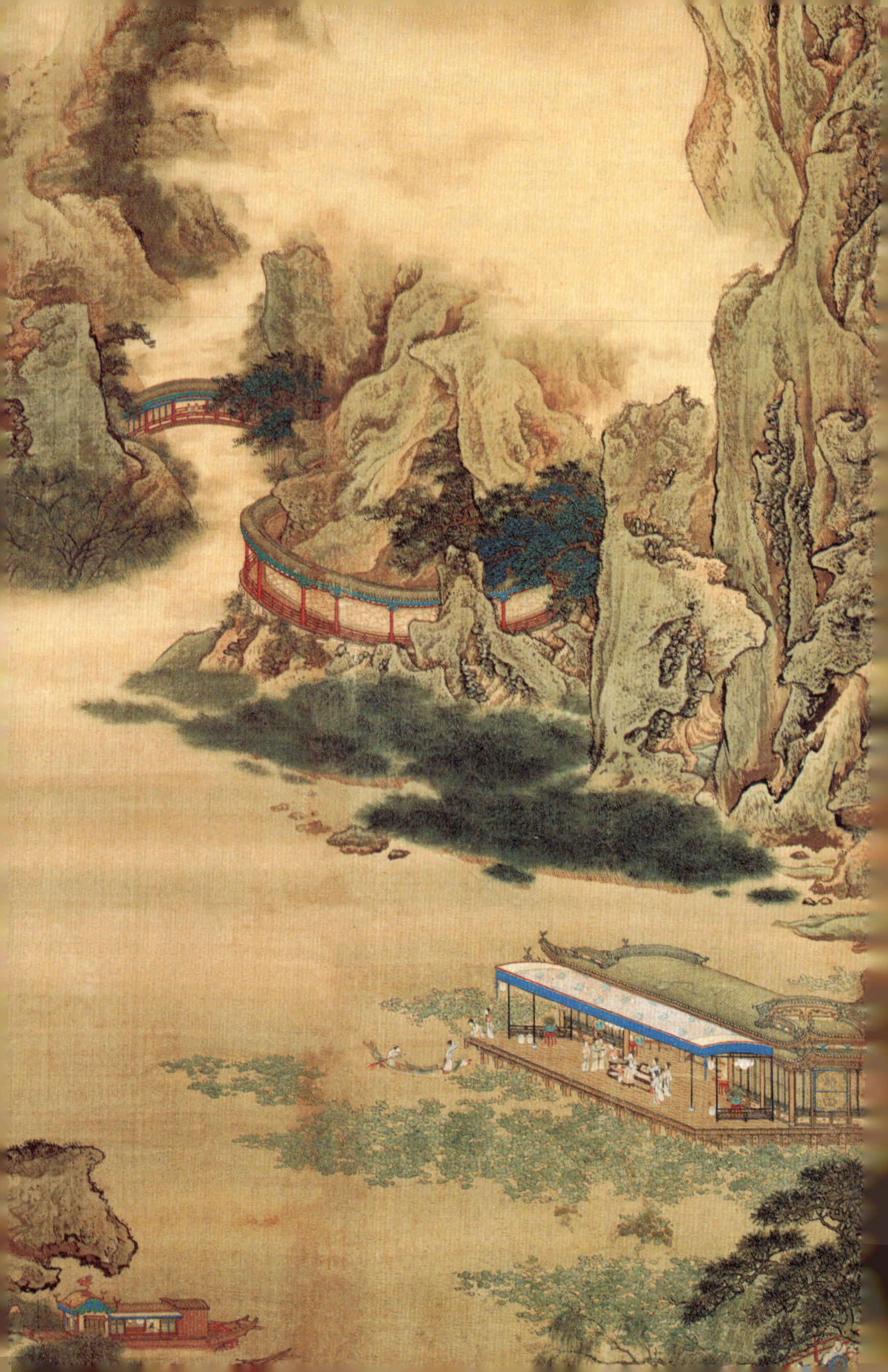

这样想着的勾践又开始筹划了他的伐吴计划。

第二年，也就是夫差刚即位的一年，勾践亲自领兵攻吴。吴军迎战，两军在夫椒（今无锡太湖马山）进行了一场关键性的决战。可惜，正如阖闾乘人之危而惨遭大败一样，勾践在这场战争中也尝到了这种滋味。吴国新君夫差趁着这个当儿向勾践宣告：吴国才是这里的王！

此战大败，使得勾践最后只能以五千骑护送退至会稽山。也是天不绝勾践之路，就在勾践败得困顿潦倒之时，他的面前忽然出现了一道曙光，这道曙光即为范蠡。

范蠡是一个极具能力的人，他得知勾践大败，立即前往求见。而后范蠡为勾践分析了局势，向他提出了隐忍麻痹的战术——向吴国称臣乞和，麻痹吴王的心。这个战术是好，但要是遇上死脑筋的君王，谁愿意去低这个头？幸好，勾践也是个明理变通的人，他觉得范蠡所言甚有道理，于是采取了范蠡的计策。

范蠡为顺利实行这个计策，亲自在民间跋山涉水四处寻找美女。最后，在苎萝山浣纱河边上，范蠡遇到了一个拥有倾国之色的女子。与之相谈后，范蠡更发现这个女子非但有貌，更兼才德。因此，范蠡便请求这女子帮助自己实行这个美人计。国难当头，总不乏巾帼英雄，这女子一听范蠡的请求，便慷慨应允。这女子便是古代四大美女之一的西施。在西施点头之后，吴越便开始了一段令后世文人爱不释手的故事，因这故事里面有战争，有情感，有英雄，有美人，有大义，还有大智。

西施找到了，但还必须更谨慎，毕竟求和是两方面的事，勾践是愿意了，但夫差愿意吗？为了解决这个问题，勾践先派出大臣文种前往吴国，然后以美女、财宝贿赂吴国太宰伯嚭，希望伯嚭能同情同情越王，在吴王面前多说说和好的好处。这伯嚭是个贪婪之人，贪小利者必乏远见，因此伯嚭也没想太多，立即答应还文种这个人情。

文种拉到了伯嚭的支持，也就挺直了腰杆来见夫差了。当夫差得知越国的意思时，本有迟疑，只是伯嚭一直在旁边煽动，更兼夫差当时的心思已经在北伐齐国之上了，因此夫差最后还是答应了下来。当时，伍子胥一听到这个消息，立即面见夫差，建议吴王不要放过越国。可是在伯嚭的挑拨下，夫差还是驳回了伍子胥的建议。

这之后，吴越两国的历史开始走入了不同的境遇。

在吴国，夫差溺爱西施，宠信伯嚭，最后还在伯嚭的挑拨离间下，逼死了伍子胥。非但如此，夫差的生活骄奢淫逸，更频繁北上与晋、齐等国争霸。虽然曾成功召集了诸侯会盟，从而使自己有缘霸主地位，但他的骄傲自满毕竟还是为他未来的命运写下了一个注脚。

另一边，越王勾践在国内也不闲着。他令文种主管内政，令范蠡改革军事。在君臣的努力下，越国恢复了大败前的元气，甚至有所超越。和夫差骄奢淫逸的生活不同，勾践为使自己记住这次耻辱，他采取了苦行的方式来锻造自己。他睡觉的时候就睡在柴草之上，每天吃饭睡觉前都要拿一个苦胆来舔一舔苦味。非但如此，勾践还亲自到田里和百姓一起干活，他的妻子也支持他，用自己的双手来纺线织布。勾践做到这地步，其目的就是让自己永记耻辱，不忘耻辱，也同时向越人表明了自己的过错与决心，以此来凝聚百姓的心。

所谓生于忧患死于安乐，这两种不同的遭遇注定了两种不同的命运。

秦悼公十年（前482），正当夫差忙于北上会盟诸侯之时，隐忍了多年的勾践终于到了爆发的时候。勾践二话不说，立即率兵出击吴国。夫差得知，深知养虎为患的自己这次犯下了巨大错误。但是后悔已经来不及了，精兵在外，国内空虚，最后夫差只能以求和的方式来缓和这次突发事件。

十年后，勾践再次带兵出击吴国。吴国在夫差多年的消耗下已经基本无力抵挡越国。

就这样，在范蠡的坚持下，勾践拒绝了夫差的求和。夫差羞愧之下，自杀身亡。吴国从此消失在了历史的舞台上。

吴国走了，越国却还在发展。灭了吴国后，气势正盛的越国北渡淮水，会合中原齐、晋等诸侯。周天子为此赐给了勾践祭肉，并封其为伯。自此，越国代替吴国横行江淮一带，实现了越国的地区霸业。

吴越两国的故事在春秋时代的末期被讲述着,这段故事结束之后,春秋时代也正式落幕了。这之后,历史进入了战国时期。在战国初期,每一个国家都面临着新的考验,而我们的主角——一直走着下坡路的秦国,也不会例外。

第二章

商鞅变法：一个国家最好的机会

祸不单行的时代

当各个诸侯君王在长久的战争后感到厌倦的时候，卿大夫们的野心便开始显露出来。在晋国，在齐国，在鲁国，在宋国，在春秋的很多国家里，有权势的卿大夫们无一不对诸侯的位子送去贪婪的邪笑。在秦国，这种情况也不例外。

秦悼公十五年（前477），一生无所为的悼公去世了，他的儿子继位，是为秦厉共公，《史记》里作秦剌龚公。不管是厉还是剌，从这谥号来看，秦厉共公给我们的印象只怕不咋样，又厉又剌，能是个好君王吗？至于"共"和"龚"，这两字是通假字，为知错能改之意。看来，这秦厉共公倒也不见得多坏。

但是，对于曾经坏过的秦厉共公，到底他是怎么样的坏法，历史对此却没有任何记载。相反的，关于秦厉共公年间的历史记载，却似乎让我们觉得这位君王倒也不失为有所作为的明君。因为在秦厉共公执政的时候，楚国、晋国等一些国家，以及当年被秦国大败的西戎绵诸之国,都派出使者前往秦国与之交好。可见,在秦厉共公时,秦国在春秋的地图上,还有它的一份地位。

不仅如此,秦厉共公还有军事上的胜利。秦厉共公十六年(前461),秦厉共公下令攻伐大荔之戎(在今陕西大荔),最后顺利灭亡了这个部族。还有,在秦厉共公三十三年(前444),厉共公第二次雄起:派军对义渠犁庭扫穴,还俘虏了义渠王。

从以上的事件来看,似乎秦厉共公也不是个坏主儿。当然,历史的记载很模糊,单单从这些来看,倒也不能看出个所以然来,如果觉得这样便意味着秦国强大了,那只怕过于武断。

不过,既然对于秦厉共公的谥号和其生平的不符而有所疑虑,那么我们还是愿意就这种不符做出猜想。要知道,谥号是君王死后臣子们给的,如果秦厉共公的生平所为和他的谥号不合,那或许能说明一个问题——君臣不和。当然,猜想不是毫无依据的。之所以会做出这样的猜想,也是基于当时卿大夫权力上涨的事实。如果我们愿意相信这种猜想,那么我们便可做出结论——秦国在这个时候已经开始了卿大夫擅权的历史。

这种猜想是否正确,其实也无关紧要,因为不久之后,这种猜想便成为事实。

秦厉共公三十四年(前443)的一天,太阳慢慢收敛起它的脸,整个秦国大地忽然昏暗了下来。秦人们带着些许恐慌和惊奇,纷纷站在各自的家门口指着天空那逐渐消失的太阳。这是一场日食,就在这场日食在民间带来喧闹的同时,秦都里也传出了一个重大的消息——秦厉共公去世。

去世的那年遇上日食,是上天在为秦厉共公降着半旗,还是上天偷偷给秦人泄露了一个天机——秦国接下来的命运将如被吃掉的太阳一般,毫无光明。第一种可能我们不能确定,不过第二种可能,我们却可以信誓旦旦地说:它发生了。

继承秦厉共公的是秦躁公,有谓"好变动民曰躁"(《谥法解》)。看来,这个君王的评价比他的父亲是更糟了,他父亲好歹还有一个"共"字,到了他这里,就单留个坏的字了。

有一件事可以证明秦躁公确实比他父亲还不行。秦躁公十三年(前430),那个曾经被秦厉共公端了窝的义渠国这回反过来欺负到秦国头上了。那年,义渠兵大军入秦,直抵渭水,顺利报了当年的剿窝之仇。

当年欺负人家,今年被人欺负。以辩证的角度来看,这种风水轮流转意味着秦国实力在前后的差距,这时候,秦国已经被一个小国欺负到头上来了。

虽然秦公室已经不堪到这地步,但是那些有实权的卿大夫们还不敢过于贸然行动,反正权力都在手了,大事过几年再做也无妨。因此,秦躁公最后得以安息,而不用经历秦国的事变。不过,他自己逃掉了,他的弟弟却逃不掉。

继承秦躁公的不是他的儿子,而是经由大臣们从晋国迎回来的秦怀公。又是大臣迎立,大臣迎立新君一般都会有问题,当年晋惠公不就是因为担心这个问题,才向外求救于秦国的吗?看来,秦怀公挺危险的。

正如大家所担心的,只过了四年,秦怀公便遇上了大臣政变。可怜的秦怀公,虽当了四年君王,却无实权,无政绩,被一群卿大夫掌握在手里玩弄着。也是到了这个时候,秦国的卿大夫们才不愿意仅仅满足于在谥号上动动手脚,他们已经开始玩实实在在的了。

秦怀公失位后,卿大夫为了掌控实权,便立了秦怀公的孙子即位,是为秦灵公。秦灵公期间也没发生多少大事,不过有一件事倒值得一说。

在秦灵公三年（前422）的时候,灵公下令全民祭祀炎黄二帝。这其实是一个很重要的信号,它带来了一个信息,即秦国在多年的文化熏陶下,已经可以接受秦地本土的信仰了。我们都知道,秦国是来自东夷,因此在这之前,秦人的祭祀对象一般都是东夷诸神。到了秦灵公这诏令一下,才正式确认了炎黄这些中原文明的始祖在秦国祭祀对象里的地位。而炎黄又是华夏五千年的公认始祖,因此此事无疑为日后秦国的统一排除了些许信仰方面的障碍。

秦灵公十年（前415）,灵公去世,本应该由其子师隰继位。但师隰并没有得到大臣们的认同,最后,大臣们以师隰年幼为理由,迎立了时在晋国的悼子为秦君,是为秦简公。当然,也有说秦简公是自己夺取君位的,其实这可能性只怕不够。毕竟当时秦简公身在晋国，如果没有秦国国内大臣的支持，他又如何能凭一己之力登上君主之位？因此，秦简公怕也是和国内富有实权的卿大夫们做出了交易，才能赢得他们的拥戴。

秦国自秦厉共公到秦简公这里，政局由于卿大夫的插手而显得摇摇晃晃。而君主的频繁更换更使得秦国无法形成强有力的中央集权，从而为卿大夫的擅权让出一条更宽的道路。秦国在这个时候已经陷入了一个恶性循环，这种恶性循环在渐渐侵袭着秦国的国力。

国力衰退，就势必引起国外的觊觎。在秦国国内政局动荡的时候，它的东方邻居已经开始伸出贪婪的双手了。只是到了这个时候，它的邻居已经不是那个晋国，而是一个即将被称为魏的新兴势力。

晋国公卿魏氏对于秦国的攻伐，一方面使得政局不稳的秦国陷入了更深的泥沼，另一方面也刺激了秦简公，迫使秦简公开始思考一个很重要的问题：秦国为何会落后？而对于这个问题的思考直接促进了秦国一段伟大历史的展开——秦国改革。

新的敌人

秦灵公六年（前419），当灵公正苦于他的国家被一群卿大夫所掌控的时候，忽然从边疆传来了一个令灵公更加震惊的消息：晋国魏氏准备打过来了！

原来，此时的晋国魏氏正忙于扩大他的疆界，因此魏氏主人派出军队前往修筑少梁城（今陕西韩城），以便屯兵积粮进攻秦国。秦国当然不能眼睁睁地看着魏氏这样明目张胆的挑衅，因此就在魏军修筑的过程中派出军队攻打上梁。两军交战，最后秦国败下阵来。魏氏在击退秦国后继续修筑城池，秦国也在黄河之地修筑防御工事，以防魏氏入侵。

这次冲突并没有造成太大的流血战争，但是它意味着秦国开始了它又一轮忙于对外的战略方针。四年后，秦灵公十年（前415），魏氏又率军出击秦国，包围了秦国的繁庞（今陕西韩城东南），然后将城里的居民全部迁走，占据了该城。对于魏氏的进犯，秦国却也无可奈何，只好着手建造籍姑（今陕西韩城以北）作为抵御的堡垒。

看到这里，我们会发现以前和秦国对着干的一直是晋国宗主，而此时却换成了晋国魏氏。看来，晋国内部已经开始了一场轰轰烈烈的变革。

早在晋国兴盛之时，六卿制度便在这块土地上生根落地。晋国的六卿在分权的同时也时刻进行着争权夺利，因此，六卿制度自产生以后，便注定成为造成晋国政局动荡的因素之一。

在六卿的发展中，最后形成了以韩、赵、魏、智、范、中行六家的争权局面。六家大夫各有各的地盘，各有各的势力，因此相互之间明争暗斗，无形中削弱了晋国对外称霸的实力。

当卿大夫的权力越来越大时，国君已经难以对此进行控制，因此它们便开始了一场更为明显的战斗。在这场战斗中，六卿之间的范、中行两家败下阵来，被其余四家逐出了晋国。从此晋国的六大家族变成了四大家族，形成以智氏独大、韩赵魏三足鼎立的局面。此事发生在秦惠公四年（前497）。

智氏独大后便有了不切实际的幻想了，既然自己最强，为何不将其他三个家族给吞并呢？为此，智家大夫智伯瑶便招来了另外三家大夫赵襄子、魏桓子、韩康子，对他们说出了自己的想法：晋国本是中原霸主，后吴、越相继崛起，晋国的霸主之位因此被夺，为此，希望各家大夫能拿出一百里地出来献给公家，使晋国有机会富强。

多么爱国的一份言辞，智伯瑶削弱其他三家的计策想得可谓万全。可是晋国不是只有一个智伯瑶是聪明人，难道赵、魏、韩三家能走到这一步是全靠时运的？显然不是，因为他们三家早已从这句话中听出了一些端倪。

三家都知道智伯瑶是存何居心。但是，一来因为智伯瑶以公家为名来压制，因此他们难以推挡。二来也因为智氏强大，心不齐的各家都不愿独自去得罪智氏。因此，魏桓子和韩康子两人便各自交出了自己的一百里土地，将前人所积攒起的势力毫无代价地献给了别人。

但是，这三家之中的赵襄子却一点也不向智氏示弱。当智氏亲自上门向赵襄子讨要土地时，赵襄子以先祖留地不便轻易让出为由，义正词严地拒绝了。赵襄子的强硬毫不客气地让智伯瑶碰了壁，这智伯瑶气从中来，回家后立即联合魏氏和韩氏两家出兵攻赵。

赵家势单力薄，寡不敌众，只好带着兵马退守晋阳（今山西太原）。智家率领了三家兵马直逼晋阳，将晋阳城围得水泄不通。可是在赵家的坚守下，三家兵马却再也不能再往前一步。就这样，这场围困战持续了两年之久，从秦厉共公二十二年（前455）一直到秦厉共公二十四年。

这样对峙下去也不是办法，为此，智伯瑶在察看了地势之后，忽然想出了一个办法——水淹晋阳。原来在晋阳城的东北上方有一条晋水，晋水绕过晋阳往下而流。智伯瑶想到如果引晋水往西南，那晋阳城不就不久便成为水下城池了。

智伯瑶想到这个办法，立即下令士兵着手实行。智家军在晋水旁边另挖出一条通往晋阳的支流出来，然后在上游地区筑起水坝，用来蓄水。此时恰逢雨季，有雨水的帮助，水坝很快就蓄满了水。水满后，智伯瑶命士兵在水坝上凿出一个大口子来，就这样，水坝里的水像囚禁了多年的野兽忽被释放一般，沿着挖出的支流直扑晋阳城内。

过了不久，晋水便灌入了晋阳城。大量的水漫过城池的街道，流入各家各户。晋阳百姓为避水灾，只得跑到房顶上住，还必须架起灶头才能煮饭。遭此大害，晋阳城里的群众恨透了智伯瑶，他们宁可淹死，也不愿投降。

一天，智伯瑶带着魏桓子和韩康子来到晋阳城外，指着晋阳城高兴地对两位大夫炫耀着：我才知道大水也能灭国！这话一到魏桓子和韩康子的耳里，如同一道闪电一般，击醒了他们那迷糊的心。要知道，不是只有赵家门口才有河流！如果赵家灭亡了，那么以后智家是不是也会这样来对待自己？魏桓子和韩康子想到这里，无不慌张地流着汗。

赵襄子见晋阳城水患之重，深知坚持不了多久，只得找来门客张孟谈商量。张孟谈为赵襄子分析了韩魏两家的心理，请求由自己出面和两家交涉。赵襄子同意了，于是张孟谈便前往面见韩魏两大夫。

韩魏两大夫本就为水淹城池而担忧，此时恰遇张孟谈前来商谈三家联合之事，遂也不再犹豫，答应了赵家的请求。

三家联立，一齐出兵出击智氏。智氏还在蒙眬的睡眠之中，忽见火光满天，杀声遍地，待反应过来，自己的营地早已被大水侵袭，随后更有军队向着自己冲来。死了，死了，智伯瑶深知自己反被将了一军，此时敌军忽然来袭，自己却全无抵抗之力。最后，智伯瑶只能亲眼看着智家军一个个地倒下，看着气焰嚣张的敌军拿着刀架在自己的脖子上，而后便毫无知觉了。

智氏聪明反被聪明误，想要以一吞三，不料却被三合攻一。也是魏氏和韩氏能及时醒悟，不然待赵氏一灭，那土地还不是被智氏所吞并，他们两家又能得到多少好处？到了这个时候，智氏将更加强大，他们两家就算联合，怕也是对抗不了了。因此，所谓三个臭皮匠赛过诸葛亮，韩、赵、魏做出了一个正确的选择，才能顺利保全自己，又顺便灭了一家独大的智氏。

智氏一灭，三家平分其势力。从此，在晋国内部，赵氏霸北，魏氏居西北，韩氏偏东南，形成了三家鼎立的局面。

三家一鼎立，当然就要继续他们的明争暗斗了。但三家平分势力，谁也赢不过谁，因此智氏灭亡后，三家更宁愿先发展自己的势力，而不愿去触怒对方。就因为这样，才有了魏氏和秦国的冲突。

两国冲突在秦灵公时并没有上升到大规模的军事行动，要到了秦简公时，这种情况才有进一步加强的趋势。因为在这个时候，魏氏开始引领了一场改革的风气。这场改革开创了日后魏国的百年霸业，同时它也作为领头羊，向世人发出了震耳欲聋的喊声：时势所需，唯有变法。

改革带来的变化是足够大的，起码这让魏氏在对抗秦国的战争中显得绰绰有余。秦简公时，面对魏氏的进犯，弱小的秦国无能为力，免不了节节败退的命运。在这种受人欺辱的遭遇下，秦简公也开始思考秦国未来的命运。而为了摆脱这种落后的宿命，秦简公在参考了魏氏的情况之后，也开始走上了改革的道路。

是到改革的时候了

在秦国无所事事的年代里,它的邻居却发生了巨大的变革。晋国三家鼎立的局面基本预示了新时代的到来。待到三家彻底进化成三国,晋国从此消失在历史的记载里,取而代之的是三个新兴的国家——韩、赵、魏。在三国中,魏国首先兴起。而魏国的兴起直接导致了秦国又一轮的衰弱,面对这次衰弱,秦简公当起了一个勇士,直面了人生的惨淡。

秦简公二年(前413),边境又传来魏氏进犯秦国的消息。这一次,魏氏派军大举入侵,在郑(今陕西华县北境)的城下击败了秦军。不久,秦简公六年(前409),距离上次入侵只有短短四年,魏氏再一次派军继续深入秦国。这一次,魏军顺利夺取了秦国大片土地,并在秦地上修筑了临晋(今陕西大荔东)、元里(今陕西大荔北)两城。

次年(前408),魏军继续进入秦国扩大他们的战果。这一次，魏军攻至郑邑（今华县），并在洛阴（今陕西大荔西南）、合阳（今陕西合阳东南）之地又修筑了两座城池。可怜的秦国到了这个地步也只有退到洛水背后，修筑重泉（今陕西蒲城东南）实施防御。

秦简公即位还没几年，脑子都还没晃过神来，怎么就被魏氏这个晋国大夫级别的人连续欺负了那么多次？难道一个国家分化成三个势力，而自己一个大国还比不过其中的一个？这实在是耻辱。想当年秦晋两国好歹也平分秋色，何以现在晋国分化了，自己反倒比人家弱了？

秦简公想来想去，想到底也就得出了两个结论。第一个，魏氏变强了。第二个，自己变弱了。

自己变弱了，这是显而易见的事。秦国自秦穆公之后就从没有过强势的劲头，过了秦桓公后又一路直下。这之后，从秦厉共公起，秦国陷入了卿大夫夺权的泥沼，政局不稳造成了数易君主的后果，数易君主又加剧了政权的不稳。秦国的衰弱自是毫无疑虑。

魏氏变强了，这又是怎么回事呢？为什么魏氏能变强，这才是秦简公最关心的问题。其实，魏氏变强也没有什么特别的秘密，只不过又是刚好遇上了明君贤相的组合罢了。

秦厉共公三十二年（前445），魏大夫魏桓子的位子换了一个人来坐，待日后魏氏成国后，我们便把这个人叫作魏文侯。

魏文侯是魏国的第一位君王，在他即位时，北方有强大的赵氏，东边也有危险的韩氏，而西边更是仅隔着一条河的秦国。在这种情况下，魏文侯为保证不被列强吃掉，首先要做到的便是自保，才有可能谈打破封锁，往外发展。

为求自保，当然便要发展自己。当时魏地境内有著名的盐产地盐池（今山西运城解池），魏文侯于是着重发展盐业，然后依靠盐业所获取的巨大收益用来建立一支精锐的常备军。这支常备军后来遇上了他们的主人吴起，成了鼎鼎有名的军队——魏武卒。

当然，魏文侯很明白一点，要发展就要靠人才，没有人才就谈不上发展。因此，魏文侯很注重人才的收服和培养。当时魏国有一个人叫作李悝，他被魏文侯重用，管理整个国家的内政。

这个李悝接受了管理魏家的使命，便开始在魏地实施了他的施政理念。具有改革意识的李悝在魏地进行了一系列的改革，改革内容囊括了政治、经济、法律，改革结果卓有成效，成功地将一个新发展的魏国供上了一个更高的地位。

这就是发生在魏国的李悝变法。李悝变法在有效地打击旧制度的同时，也使得魏国的国力日益强大，为日后成为战国初期强盛的国家奠定了一个坚实的基础。另外，李悝变法不单单在魏国内部形成影响，它开启了战国大变法运动的序幕。这之后，战国各国纷纷踏上变法的道路，最终汇成了一股时代潮流。

李悝为魏国做出的贡献还不仅仅于此，在为君王推荐人才上，李悝也付出了一份巨大的功劳。那时，有一个叫作吴起的卫国人从鲁国出逃，正打算投往魏文侯麾下。魏文侯开始有点迟疑，因为关于这个吴起的舆论评价并不是很好。原来，当年齐鲁交兵，鲁君有意令吴起为将，却因为吴起的妻子是齐国人而又对此有所保留。为了得到这个将位，吴起竟亲手杀了自己的妻子。

吴起杀妻求将的行为令世人诟病，魏文侯当然会犹豫一下。但是，李悝却认为吴起这人虽然贪名，却有过人的军事才能，魏氏若想兴，必须唯才是举，不必拘泥太多。在李悝的说服下，魏文侯最后决定任用吴起为将，吴起从此开始了他在魏地改革军制的历程。

魏国的军制在吴起的改革下完善许多，军队实力也因此而增强不少。几年后，那支用盐业养起来的魏武卒在吴起的带领下，已经成了魏国的强劲之师。

魏文侯见吴起的军事能力果然有过人之处，便命他为主将，开始了对秦的攻伐事业。从此，吴起便带领着魏武卒直入秦地，在秦简公年间多次成功夺取秦国的土地，最后尽占秦之河西地（今黄河与北洛河南段间地）。昔日的秦地成了今天的魏郡，河西之地变成了魏国的河西郡，吴起受命在此镇守。

对于河西之地，魏文侯并不仅仅采取武力威慑，同时他还对其进行了文化渗透。秦人本处狄戎之地，对于中原文化存有向往。魏文侯利用秦人的这个心理，拜当时著名的大儒子夏为师，并请求其前往河西讲学。

子夏是孔子的著名弟子，"孔门十哲"之一。子夏到河西讲学一事有重大的意义，它象征着华夏文化的重点转到了魏国河西，因此而形成了著名的河西学派。河西学派为战国时代培育出了大批经世治国的良才，并成为前期法家成长的摇篮。

看到这里，秦简公才明白了始末，原来邻居魏氏是靠着变法而强大的。秦简公既然明白了邻居强大的良方，也就明白了自己下一步该走向哪里了。看来，是到改革的时候了。于是，一场涉及政治和经济的改革便在秦国开展了。

先是在政治方面的改革。秦简公六年（前409），简公颁布命令，允许官吏佩剑。官吏有佩剑，在当时的人们看来是文明先进的标志，因此早在春秋时代，中原便有很多诸侯国实行了这项制度。所以秦简公此举意在跟风，倒也没有多大的改革意义。第二年，这项制度更进一步，法令允许了百姓佩剑。在周礼的规定中，佩剑只是属于贵族的特权，百姓本无此权利。因此，秦简公这项改革的重要目的便是削弱贵族的特权，同时也起到全民防守的作用。

在经济方面，秦简公开始了"初租禾"的步子。所谓的初租禾，其实也就是上交农田税。此举在现在看来或许没什么大不了，但在当时的秦国可是一大进步。因为交税就意味着承认了秦国境内土地的私有化。本来，周王才是土地的所有者，但是在各国纷纷对国内的农田收税之后，周王室的土地所有制已经失去了它的真实意义。此时，对土地的私有无疑缓和了因国内多年兵败而愤怒的群众的心。

这些改革拉开了秦国变革的大幕，而在军事体制方面，秦国却还没有触动到。因此在秦简公这里，秦国虽然开始变革，却也没有因此走上富强的道路。

秦简公的改革之路没有再深入下去，但历史还在继续。秦简公十二年（前403），周威烈王正式承认了晋国的魏氏、赵氏和韩氏为诸侯。三家分晋作为一个信号，标志着春秋时代的结束，历史正式进入了七雄并立的战国时期。

惠公的绝地大反击

秦简公十二年（前403），战国时代正式揭开了大幕。在战国时代的初期，由魏国引领的改革之路蔚然成风，在这方面，秦国的秦简公也小试身手，开启了秦国多年变法的序幕。但是，在秦简公死后，他的继任者并没有将改革进行到底。因此，邻国魏国继续着它的开拓之路。

秦简公十五年（前400），简公去世了，他的继任者是秦惠公。早在秦简公十四年（前401）时，简公在忍受了魏国多年之后，终于雄起了。这一年，简公不愿再当个被动的失败者，他终于下令对魏国进行了一次军事反击。当然，并没有取得什么大的胜利。

其实，简公的反击是必要的，因为秦国的河西之地被魏国完全侵占，秦国因此被逼退至洛水一带。要知道，河西之地是秦国一个很重要的战略要地，此地被夺，秦国的防御大降，其性命危在旦夕。因此，睡不安稳的秦简公当然要开始他的反击行动。但是，魏国之强，使得这种反击根本不值一提。

幸好，魏国的敌人并不仅仅只有秦国一个。发展中的魏国还将它的眼光放到了东方的齐国，放到了南方的楚国，还有和自己同根而生的韩、赵两国，因此，忙于四方周旋的魏国并不能将所有的心思全放在秦国身上。因此，自秦简公死后，秦惠公即位的前四年内，秦、魏之间并没有发生任何值得一提的战争。

到了秦惠公四年（前396），叱咤一生的魏文侯完成了他的历史使命，给他的后代们留下了一个强盛的魏国。继承魏文侯的是那个在伐秦事业上立下了累累功绩的儿子——太子魏击，是为魏武侯。

魏武侯继承了父亲的意志，将发展魏国作为自己的使命，并为这个目标努力地行动着。就在武侯即位的三年后，魏国又开始了新的一轮对秦攻伐。因此在这一年，秦惠公便被迫开始面对父亲遇过的难题——魏国的吴起。很明显，有吴起在魏国的一天，秦国就不会有安宁。因为，魏武侯命令吴起的这次出兵，再次大败了秦国。

这次失败让秦惠公感到了时势的艰难，看来自己真的已经被魏国压得死死的了。但是，面对魏国的强势，秦惠公并没有像其父一样想到改革。又或许，秦惠公虽有心改革，但当时的秦国却缺乏深谙改革之道的能臣。因此，秦惠公对于魏国的来犯并不能找到一个很好的解决办法。唯一能行的，还是一如既往地搞拉拢同盟行动。

现在有可能帮助秦国的只有齐、楚两个大国。可是，齐国当时正经历着内乱，又兼之三晋联兵已经攻进齐国迫使齐君割地求和，因此，齐国对秦国并不能提供任何帮助。最后，如同当年秦楚联合对晋一样，现在的秦国能拉拢的盟国还是楚国。但是，秦惠公是有这心思，可是楚国愿意吗？事实是，楚国也正缺乏一个政治伙伴。

秦简公十四年（前401），楚国迎来了它的又一个新君主——楚悼王。在楚悼王之前，和他隔了两代的君王是为楚惠王。楚惠王在即位后，记取了楚昭王被吴国欺负到郢都的教训，立志富强。最后，在楚惠王的努力下，楚国国力迅速恢复，大有争霸之势。

但是，楚悼王即位的政治背景和楚惠王时已经相去甚远。最主要的变化便是三晋的强大，这使得被三晋压在南方的楚悼王深感尴尬。事实证明楚悼王的担忧并不是毫无理由，三晋为了成功破楚，再次联合，并于秦简公十五年（前400）出兵楚国，结果大败楚军于乘丘（今山东巨野西南）。

三晋的入侵触怒了楚悼王，于是楚悼王在秦惠公七年（前393）反击韩国，顺利夺取了韩国的负黍（今河南登封市西南）。

战争总是礼尚往来，楚国夺取了韩国的城池，三晋当然也不能示弱。于是，秦惠公九年（前391），三晋联军又来报复，最后再次大败楚师于大梁（今河南开封西北）、榆关（今河南新郑东北）两地。这两个地方是楚国的战略要地，一旦失去，此时的楚国便无可避免地陷入和秦国失去西河之地时一样的窘境。因此，面对三晋的强势，如同秦惠公一样，楚悼王也很希望能为自己找个同伴。最后，在两国的交涉下，秦、楚又达成了一致目标——联合对抗三晋。

为了摆脱三晋，楚国请求秦国出兵，从而分化三晋的力量，减轻自己的压力。秦惠公慷慨应允，便开始分析如何进行背后偷袭行动。

在三晋之中，和秦国领土相邻的只有魏、韩两国，而对于魏国，秦国已经在它上面吃了很多亏了。因此，秦国这次不会傻傻地选择魏国偷袭。不是魏国，当然就是韩国了。正好，三晋之中，最弱的也便是韩国了。因此，秦惠公趁着三晋联合对楚之时，不失时机地派出大军进攻韩国。

这次进攻韩国，一雪秦国之前被魏国几经战胜的耻辱，顺利地攻下了韩国宜阳（今河南宜阳西）六座城池。宜阳被夺的消息震动了三晋，迫于秦国在后方的骚扰，三晋暂时放松了对楚国的进逼，将部分兵力转向了西方。秦惠公十年（前390），魏武侯下令出军援助韩国，最终在武城（今陕西华县东）与秦国进行激战，不分胜负。

这次武城之战虽说不分胜负，却也激起了秦惠公的雄心。要知道，在这之前，秦惠公是一直被欺负的，而这次能打个平手，看来魏国也没什么了不起的。何况这时候还有楚国和自己站在同一战线，另外，齐国也趁着这当儿在东方夺取了魏国的襄陵，让魏国大惊失措。所有这一些想法都让秦惠公觉得该来一场绝地大反击了。于是，秦惠公十一年（前389），惠公抱着拼死一搏的决心，破釜沉舟，背水一战，领着大军五十万，来到了晋国的阴晋（今陕西华阴东），在这里摆开了阵势，准备和魏军来一场大决战。

秦惠公这次领兵五十万，这真是一个天文数字。相比之下，魏国的吴起只有五万魏军，真是小巫见大巫。但是，对于吴起来说，统兵在于"治"而不在多，因此，虽然魏武卒只有五万，但都是对于驰骋沙场有着丰富经验的猛兵。因此，吴起对于秦惠公这五十万的噱头并不是很在意。

为成功击退秦军，吴起请魏武侯亲自举行宴会，并为有功的士兵进行奖赏，对阵亡的士兵家属进行慰问。在这一系列笼络军心的行动后，魏国的五万士兵无不为君王和主将的恩宠表示感激，因此个个发誓要在战场上报答魏国，让秦军有来无回。

吴起不愧为战国的卓越军事家，在他出色的统领下，这五万魏兵个个奋勇杀敌，竟然有了以一当十的英勇。就这样，在魏军反复的冲杀下，五十万秦军被这个小队伍冲击得不成模样，死的死，逃的逃，庞大的军队瞬间如大山崩塌，再也无力举起兵器往前一步。

此战便是著名的阴晋之战。阴晋之战以吴起以少胜多大败秦军而告终，它使得魏国顺利保住了河西这块战略要地，有效地遏制了秦军东进的势头。而对于本就虚弱的秦国，遭此大败后基本是元气大伤，已经到了赔老本的地步了。因此，此战过后，对于秦惠公的贸然反击，秦国国内对其批判声迭起，而秦国也因此陷入了更深的政局动荡之中。

秦惠公十三年（前387），惠公去世了，继任者是他年仅两岁的儿子秦出公。一个幼儿的继位注定了秦国王权旁落的命运，秦国又陷入了一场泥沼之中。

秦国的政局动荡，却远远比不上和它隔三晋而对望的齐国。就在三晋崛起于中原的时候，齐国内部正在酝酿着一场巨大的阴谋。

窃国者诸侯

秦惠公十四年（前386），一个还不会讲话的孩子被他的母亲抱上了秦国君主的王位。一国君主若由一个年幼的孩子来担任，无疑会滋生政治阴谋。因此，秦国在秦出公即位后，它的大臣们便又嗅到了一些不安定的味道。

这种不安定来自两岁的君王，同时也来自邻居的魏国。秦出公刚即位，魏武侯便将矛头指到了这个年幼的孩子头上，率领大军进攻秦国，最后在武下击败了秦军。

当然，来自国外的威胁并不具备巨大的震慑力，真正笼罩在秦国大臣们身上的阴影还是来自国家内部权力的争夺。这一次，因为秦出公年幼，他的母亲小主夫人作为监护人，自然取秦出公的权力而代之。一个女人想掌权，如若有孝庄这样的政治能力，倒也令人放心，可是若遇上了慈禧这样的乱政女子，只怕再大的国家都会被她的无能给败坏掉。

这个小主夫人就是慈禧一样的人物。她宠信身旁的宦官，使得政权掌握在一群不学无术的人手中，造成的结果自然是加深了秦国的政局混乱。这种政局混乱引起了国内百姓的怨声载道。但对于沸腾的民怨，小主夫人和她的宦官们保持着视而不见的态度。最后，非但百姓们抱怨，就是为国效命的秦国官员们也是个个痛斥腐败的政治，其结果是造成了大批正直官员的无奈隐退。

秦国的政治在此时已经跌到了最深的谷底，再荒唐下去，只怕秦国最后会不再姓秦了。关于这个后果并不是不可能的。在秦人眼里，三家分晋的情景历历在目，昔日强大的晋氏，今天还不是被别人给瓜分了？而当秦人们的眼光放得再远一点，他们非但看得到邻国的变动，他们还能看到远在东方的齐国。就在秦出公即位那年，齐国发生了一件大事。当这件大事传到秦国的时候，秦人们反观自己的政局，无一不感到不安。

当年受封齐国的人是姜子牙，因此齐国自来是姜姓吕氏掌国。不过在齐桓公时，一个人的出现为日后的齐国埋下了一个祸根。这个人叫作陈完。

陈完本是春秋时的陈国公族。公元前707年，陈国发生了宫廷内乱，陈完被迫出逃，后投奔了齐国。完公奔齐后，在齐庄公手下当了个"工正"，所谓"工正"，也就是管理百工的官。齐桓公似乎对这个陈完来降很有兴趣，非但让其当官，还奖赏了他很多土地。齐桓公当时正为自己的霸业而笼络着四方名士，殊不知，这样却也为自己的国家引狼入室。

陈完从此在齐国发展，因在古时，陈与田同音，故齐人都称陈完为田完。久而久之，陈田的后代便以田为氏。

田氏在齐国的地位是很高的。陈完刚奔齐国的那时，大夫齐懿仲便看中了这个青年人，遂有意和其结姻。于是，齐懿仲令人为这件事占了一卦，卦象显示了田氏日后在齐国的命运：五世其昌，并于正卿。八世之后，莫之与京。意思就是田氏在它的第五代那里将光耀其族，位至卿大夫，而到它的第八代那里，其地位将俯视整个京城。这卦象令齐懿仲欣喜异常，因此两家遂结姻缘。

齐国到了齐庄公时（前553—前548），田氏的后代也迎来了它在齐国的第四代。这田氏第四代名叫田须无，因侍奉齐庄公而深受庄公的赏识和宠爱。这个田须无有个儿子叫田无宇，便是田桓子。田桓子因在齐庄公年间的对外讨伐上立下功劳，因此深受庄公欣赏。

不久，齐庄公被国内大族崔氏所弑杀，崔氏和庆氏因此在齐国擅权起来。待齐景公继位后，崔氏被灭，齐国因此少了一个大族。这之后，庆氏有家臣想杀主人以报庄公之仇。当时田桓子正和庆氏主人在外田猎，田须无得知这个消息，立即派人找个借口将田桓子召回。田桓子在父亲的暗示下，明白接下来将要发生的事情。因此先行返回，并在路上毁掉了渡船和桥梁，以延误庆氏回家的时间。结果，庆氏的势力被自己的家臣所

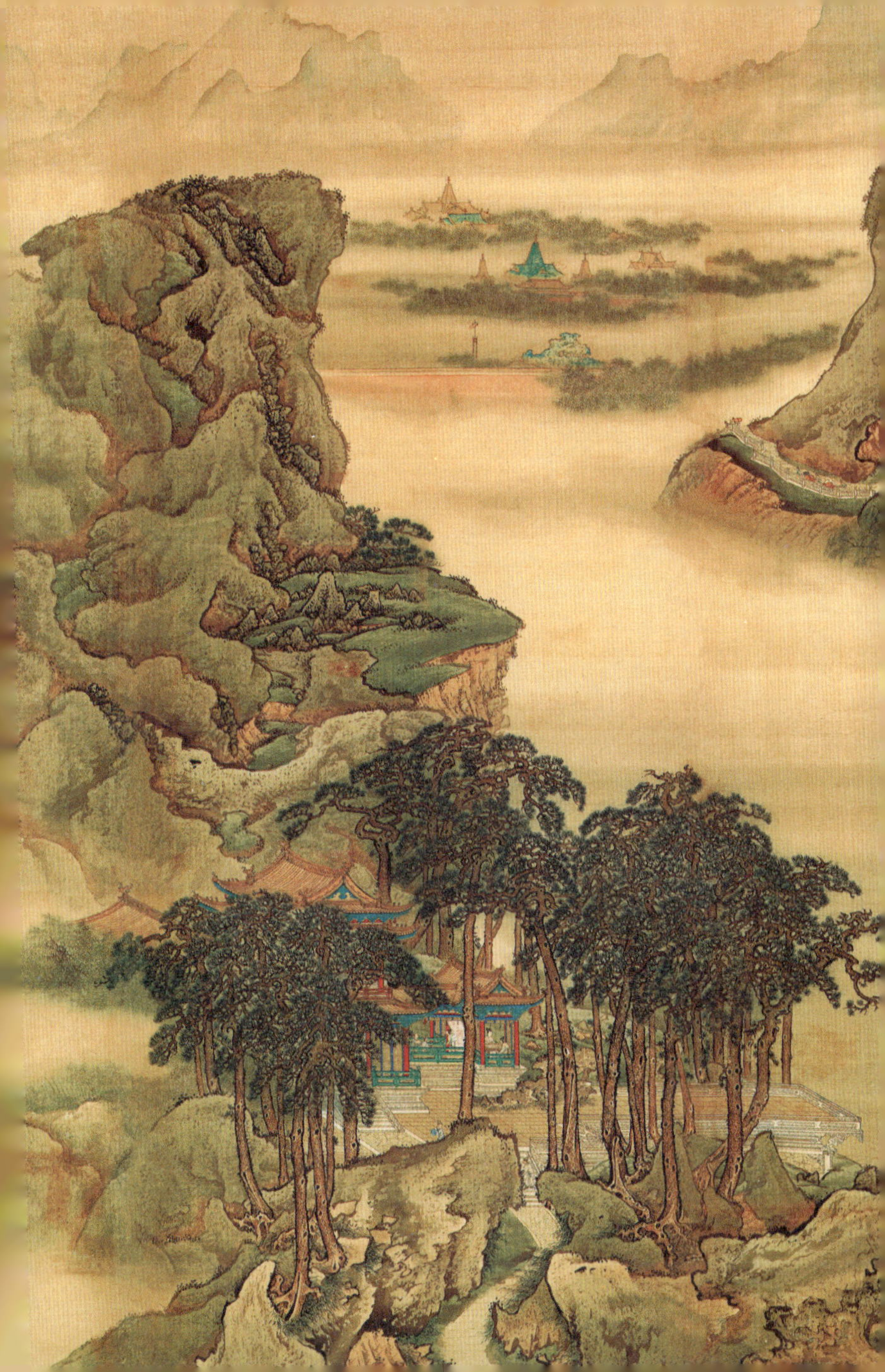

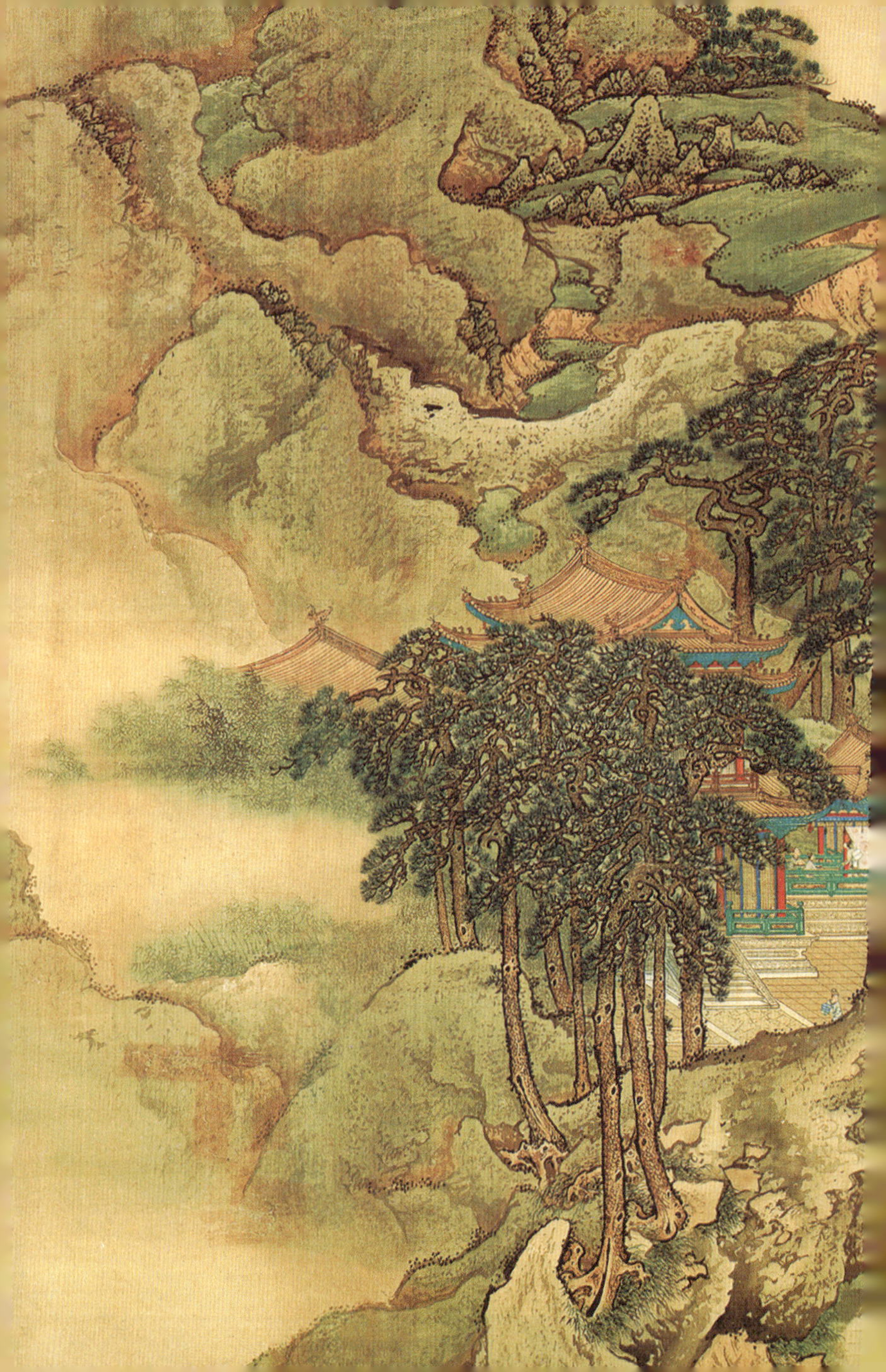

摧毁。

崔氏和庆氏两大家族在齐国的灭亡，使得田氏的势力大为增强。结果，正应了当年齐懿仲的那一卦，田氏在它的第五代取得了光耀家族的好成绩。而第五代到了，预言中的第八代还会远吗？

齐景公在位时（前547—前490），其人奢侈淫靡，好治宫室，更爱厚赋重刑。国库里的布、帛、稷、粟都放得腐烂，养着虫子。宫外的百姓却生活没着落，劳役不断，饿殍载道。公室的奢侈之风令齐人不满，齐景公却一点也不体恤百姓，自顾自地挥霍着民间的血泪。

面对齐公室的行为引起百姓不满的现象，田氏在此时开始了他们拉拢人心的计划。田僖子以新制的五进制借粮给百姓，而还时却用旧的四进制（即四升为豆，四豆为区，四区为釜，十釜为锺）。如此，对于田氏的雪中送炭，齐国百姓无不感恩于此。结果，民心渐向田氏，田氏在齐国也越见强大。

对于田氏的强大，齐国臣子也不是没人对此毫无顾虑。当时的齐相晏婴就曾明示齐景公要注意田氏，并提议齐景公下令以礼治国，制止卿大夫的擅自作威作福行为。齐景公有所醒悟，但为时已晚。当时，田氏已经在齐国掌握了大部分民心。

田氏不单将筹码压在百姓之上，同时还将矛头指向了齐国国内的强势宗族。齐景公死后，当时有国氏和高氏两大宗族迎立了太子荼为齐公，史称晏孺子。但是，田僖子却不满两大宗族，想要立景公的另一个儿子阳生为国君。因此，田僖子表面上附和高、国两相，暗地里却在齐国大夫们之间挑拨离间，又和逃往鲁国的阳生暗中联系。

在田僖子的一系列行动后，齐国的大夫们对高、国两相开始猜疑，最后在田氏的带领下，发动兵变。高、国两相和晏孺子被迫出逃，田僖子于是派人前往鲁国迎回阳生，并在一次宴席上请出阳生，然后请求众大夫一起迎来阳生为国君。就这样，阳生在田僖子的帮助成了齐国国君，是为齐悼公。悼公得立全赖田氏，因此田僖子被悼公任命为相，从此独揽齐国大权。

这之后，齐国又经历了一次政变，田氏再次成了其中的受益者。

田氏采取了一系列政策，其中还包括外结诸侯，内扩封地。到了齐宣公时（前455—前405），在田氏多代的共同努力下，田氏几乎拥有了整个齐国。

齐宣公死后，齐康公继位。康公在位十四年，长年沉溺于酒色，完全不理朝政。齐相田和便以国君不贤，将其废黜为庶民。田和废君后，便开始外交诸侯，以得诸侯的支持。秦出公元年（前386），在田和的努力联络下，魏武侯答应了田和，前往周王室对周天子施压，希望周天子能封田氏为侯。周天子毫无反驳之力，只得将祖辈封给吕氏的那块地重新封给了田氏。到了这时候，田氏顺利取代了齐。

田氏代齐事件是战国初期继三家分晋之后的又一大事件，

它再次宣告了卿大夫对诸侯正宗的取代。因为这层意义，田氏代齐作为和三家分晋一样具有标志性的事件，成了春秋踏入战国的又一个转折点。

相对于齐国的政变，秦出公算幸福的了。虽然政权掌握在母亲手中，在母亲的胡闹下摇晃不安。但是，秦国毕竟还没到由卿大夫来取代的地步。究其原因，便是秦国虽有像齐国田氏这样的世家大族，但其在秦国国内却还没有形成田氏那样的势力，因此想要一家独吞一国便不像田氏那样容易。

但是，齐国能出现这种局面，秦国也就有可能会步其后尘。因此，秦人们在庆幸的同时也暗暗担心着：如果这种局面毫无改善，那齐国的悲剧在秦国上演，也不是不可能的。

幸好，既然历史在最后选择了秦国，那么齐国的遭遇就不会降临在秦国之上。就在秦出公即位后不久，秦国就出现了一位救世主。这位救世主怀抱着将秦国从颓势里挽回的意志，开始了拯救秦国的道路，也开始了秦国富强的道路。

公子连力挽狂澜

秦出公在位之时,政权由小主夫人掌控。对于小主夫人的昏庸无能,百姓怨声载道。有谓越是政局混乱之时,越能引出英雄。就在秦人们为秦国未来的命运而担忧着的时候,秦国忽然出现了一个救世主。这个救世主从东方而来,他的名字叫秦师隰。

秦师隰又名公子连,是秦灵公的儿子,秦出公的堂兄。当年,秦灵公去世,本应该由他继位的君主之位却被他的叔叔秦简公给抢走了。秦简公和卿大夫想发动政变,就先得排除异己。而作为本应该成为继承人的公子连,自然成了他们的头号敌人。

当时的公子连才十岁,身旁也没有太多的臣子能支持自己。因此势单力薄的公子连只好在一些家臣的保护下出逃秦都。公子连先是逃到了故都西犬丘,最后仍觉危险,只好逃往正在发展中的魏国。

当时的魏国在李悝和吴起一群名臣的支持下实施变法，正处于蓬勃发展的时代。看着魏国的发展，再反观自己国内的衰败困顿，公子连在叹气的同时也深感不安。因此，他便深深地发誓，待日后必定要回国变法，还秦国一个兴盛的时代。为此，公子连便待在魏国研究学习，同时也时刻关注着秦国局势。

对于魏国，公子连并不仅仅只有欣赏之情。因为在公子连流亡魏国期间，秦国多次败于魏国，所以公子连在心疼秦国的同时，对于魏国也多少产生了一丝忌恨。这样看来，公子连大有勾践的隐忍之性，也大有后人师夷长技以制夷的见识。

秦出公元年（前386），魏武侯帮助齐国田氏获得了齐国的诸侯位置，因此魏、齐两国出现了短暂的和平。魏、齐两国和平了，同时秦、楚之间的联合也使得三晋毫无用武之处，因此，三晋之间便开始互闹矛盾。

这矛盾来源于三晋之间的根本利益关系。当时，三晋联手对付西北的秦国和南方的楚国，可是这两个国家的版图和东方的赵国都没有沾上边，因此，赵国早就对这种联手有所不满。这种不满便加深了三国之间的利益纠纷，最后，三晋之间有了分离的裂痕。

这道裂痕从赵敬侯迁都邯郸便可窥见一二。邯郸是一个天然的防守之地，赵敬侯迁都到此，便意味了三晋之间对于彼此已经出现了危机感。同时，赵国还和楚国联系密切，而秦楚之间也向来和好。因此魏武侯就开始担心了，要知道，若秦赵楚联合，将对于魏国形成夹击之势，使魏国陷入三面受敌的不利局面。

为解决这个问题，魏武侯左思右想，希望能找到办法打破这个可能形成的不利局面。恰逢此时，秦国国内因为小主夫人的擅权而引起了政权不稳的危机，而自己国内又正好收留了一个最有可能成为秦国国君的人。因此，魏武侯便想到了一个办法——帮助公子连回秦国当国君，在秦国建立一个亲魏政权。

公子连身在魏国，心却时刻惦记着秦国。秦国发生的事，他又如何能不知道？秦国在小主夫人的儿戏下，将本就动荡的政局搞得更加乌烟瘴气，这又如何能不让身在他国的公子连心痛？可怜公子连一身抱负，急欲挽救秦国于困顿，却终因身在外地，国内无势，而只能成为深夜里的遗憾。

正当公子连在唉声叹气的时候，忽然有人来见他，向他传达了魏武侯的一个想法——武侯想要帮公子连回国当国君。

公子连听到这个消息，自然是高兴异常。但是公子连是个精明之人，他完全不把自己的喜悦摆在脸上，因为他也知道魏武侯的用意。公子连在魏国已经将近三十年之久，魏武侯什么时候不对自己表示支持，要到了这个魏国的多事之秋，才会想到将自己这个多年的储备拿出来利用呢？

公子连明白魏武侯的用意，同时，对于魏武侯护送自己回国，他也有另外的担忧。要知道，秦、魏多年的争战造成了彼此之间的不和，秦国人民对于魏国不是一般的痛恨。这种情况下，如果公子连被魏国护送回去，如何能得到秦国百姓的民心？再者，如果公子连是被魏国迎立的，那势必会形成魏国仗势制约秦国的后果。

对于上面几点的考虑，公子连做出了一个决定：靠自己的力量回国。看来，魏武侯的提议没被公子连采纳，但是直接激起了公子连回国的决心。

公子连回应来者，令其回去告诉魏武侯，自己愿意回国，但不敢在魏国事多的时候还来分散魏国的力量，因此希望魏武侯能让自己独自归国。魏武侯一听公子连的回应，虽然由自己迎立的目的没有达到，但毕竟公子连要回去了，好歹他是在魏国待过很多年的，因此怎么也会对这块土地有点感情，亲魏这事指不定还是有看头的。所以魏武侯对于公子连回国的行动还是表示支持，并送给了公子连很多车马和金银。

公子连决定依靠自己的力量回去，也就开始为这个目标而行动了起来。公子连明白现在秦国内部对于小主夫人已经忍无可忍，因此他便令人进入秦国联合那些和小主夫人不和的大臣，让他们在秦国国内四处散布公子连即将回国当国君的消息。与此同时，公子连也积极寻访豪杰，并暗中拉拢秦国内部的大臣。

秦国百姓一听说公子连即将回来当国君，无不感到欢喜。虽然他们不知道这个从魏国回来的公子是个怎么样的人物，但是他们愿意赌一赌，因为小主夫人这群人已经将他们逼得没有退路了。因此，公子连顺利争取到了秦国内部大臣和百姓们的心，这点让公子连的计划进行得很顺利。

秦出公二年（前385），正当公子连为目标而努力的时候，秦国那边忽然给他送来的一个消息——国内庶长愿意帮助公子连回国掌政。公子连一得到消息，兴奋不已，立即带着自己的家臣，二话不说地赶回秦国。

公子连一开始由郑所之塞（今陕西华县西）入境。这里地处渭水之南，是西进秦都雍邑的东方要道。可是当公子连率领队伍来到了城下时，竟然遭到了守塞官吏的拒入。这个守塞官吏以臣子不该事二主为由，表明自己不能让公子连过去。但是，守塞官吏愚忠则愚忠，却也明白秦国此时需要的正是公子连。因此，守塞官吏睁一只眼闭一只眼，希望公子连能另寻入境之处。

公子连在郑所碰了壁，只好北渡渭水，转道焉氏塞（约今陕西富平附近）谋求进入秦国。这里距郑所之塞还没有半日行程，从这里进入秦国，也不失为捷径之路。和郑所的遭遇不同，负责这一带防务的菌改一见公子连前来，便立即打开城门，投向公子连。公子连遂由此向雍城进发。

在前往雍城的路上，公子连遇到了小主夫人派出缉拿他的军队。可是当这支军队来到公子连面前时，却表明自己的立场——支持公子连。这真是如虎添翼，公子连有了这支军队，再加上秦国国内的支持，要顺利进入秦国已经是轻而易举之事了。果然，没有多久，公子连便率领了这支军队直入雍城。雍城里的小主夫人见公子连大军直入，失去了众人支持的她已经找不到任何办法。最后，在公子连的逼迫下，小主夫人只得抱着她的儿子秦出公，自杀身亡。

在外过了二十九年，此时的公子连总算顺利返回了自己的国家。当公子连被大臣们拥立上秦国国君的位置时，他的心里五味杂陈，感慨万千。这个久违的故土终究被自己握在了手上，可是放眼看去，整个国土坑坑洼洼，残破不堪，看来，是自己实现毕生所愿的时候了。

公子连紧张又兴奋地坐上了秦国国君的位子，在他紧紧地将自己的双手握成拳头之后，他明白这个国家将在他的管理下重新踏上兴盛的轨道。此时的公子连仿佛被赋予了一个历史重任，他也认为自己应该并且完全有能力去承担这个重任。秦国由此开始了变法复兴的道路。

改革之路

秦国这个国家在长年外争内斗之后毫无生气,百姓们只能眼巴巴地望着命运的施恩,送他们一个贤明的统治者。当这种急迫的眼神汇聚成一个时代的呼唤时,秦献公便应运而生了。秦献公公子连接过了这个残破不堪的国家。当要求兴盛的呼声回绕在整个秦国时,秦献公的心中燃起了熊熊烈火。在积聚了多年的经验后,秦献公准备在一朝爆发了。

秦献公即位后便找寻着强国的道路。其实,在献公心里,他早已为自己规划好了整个治国安排。这份规划全然得益于他在魏国的时间。在秦献公待在魏国的近三十年间,正好是魏国强盛壮大的时候。这点让秦献公有极大的触动,为何一个新兴的国家却能迅速发展,从而凌驾到其他大国之上?

带着这个问题,秦献公在对魏国进行一番考察的同时,还将其和秦国进行了一次对比。关于魏国,他看到了一个李悝。

这个李悝在魏文侯的支持下,大胆地在国内进行变法,结果使得魏国的经济迅速发展,政治也因而安定。后来又有一个吴起。这个吴起在军制上的大胆突破,完善了魏国的军事制度,也提高了魏军的作战能力。再又有一个西门豹。这个西门豹刚到邺城,便"斩杀"了当地的"河伯",将迷信之风带出了邺城,又在邺城大刀阔斧地改革,使一个本已荒芜的地方重新染上了多彩的颜色。

这三位贤臣之所以能帮助魏国取得这样好的成绩,其中无外乎一个词——改革。看来,当历史进入另一个阶段的时候,因循守旧只会阻碍这种过渡,从而使自己落在了历史之后。若要让自己跻身历史前列,唯一的方法就是紧跟历史,而紧跟历史就对变化提出了要求。因此,要强国,唯有改革。

这份教训在吴起奔楚之后更加坚定了秦献公的决心。

吴起在魏国功成名就,难免遭人嫉妒。当时的魏相公叔痤便对吴起忌惮几分,因此时刻想着一些阴谋来陷害吴起。有次,公叔痤的一个仆人知道了他的心思,便向他献出了一个陷害吴起的计策。

公叔痤按着这个计策。他先来找魏武侯,对魏武侯说吴起这人好名利,而魏国只是一个新兴的小国,只怕吴起在这里待不久。魏武侯一听,再联系吴起杀妻求将的经历,倒有了几分怀疑,因此便向公叔痤询问该如何应付。于是公叔痤就对魏武侯说:"试延以公主,起有留心则必受之,无留心则必辞矣。以此卜之。"(《史记·孙子吴起列传》)送一个公主给吴起，如果吴起不接受，就代表他不想留在魏国。魏武侯觉得这个方法不错，便准备照做了。

公叔痤自己娶的就是公主，在见过魏武侯之后，立即将吴起请来自己家里赴宴。在宴会上，公叔痤故意激怒了公主，让公主大骂自己，轻贱自己。吴起一看，身为公主如此盛气凌人，如果自己也娶了公主，那她不是也会爬到自己头上？向来看中功名的吴起可不愿让自己戴上一个"妻管严"的外号。因此，当改天魏武侯表示自己愿意将公主嫁给吴起时，吴起却委婉地拒绝了。

魏武侯一见吴起拒绝，想起公叔痤那天的警告，便开始对吴起产生了不信任的念头。后来，吴起见魏武侯渐渐疏远了自己，才明白自己中了公叔痤的计。公叔痤此人好争权，擅阴谋，如果吴起再待在魏国，只怕性命不保。因此，吴起便不告而辞，离开了魏国，来到了楚国。

当时楚悼王正急于寻找贤臣，忽闻吴起来投，兴奋不已。但是，吴起在魏国多年，对魏国的贡献之大众所皆知，为何魏武侯会舍得抛弃这么一个能臣？楚悼王对此深感疑虑，因此对于吴起来投持保留态度，最初只让他在宛城当了一个太守。

吴起当了多年的河西太守，治理起宛城来可谓驾轻就熟，不久便将这个地方治理得井井有条。楚悼王见此，大喜，便坚定了重用吴起的决心。于是，楚悼王召回吴起，向他询问治国之道。吴起一条条地列举了楚国的弊端，每一条都直中楚悼王的心窝。最后，吴起对楚悼王说：想要强大，唯有变法。

楚悼王折服于吴起的施政理论，便将变法的任务全权交给了吴起。这之后，吴起在楚国开始了他的变法之路，而楚国也因为有了吴起变法，遂成功挽救了贫国弱兵的局面，重新踏上了富国强兵的道路。

楚国的变法和魏国的改革彻底坚定了秦献公的心。献公期望着有朝一日能紧握秦国政权，将这个在流亡期间学到的经验应用在秦国身上。如果这样，秦国必然强大。

秦献公在魏国学到了这层道理。同时，他也从统治者身上寻找问题。对比秦魏两国的国君，秦国从秦厉共公起就不曾出现过一个英雄般的君主。反观魏国，无论是魏文侯，还是其后的魏武侯，都具有非凡的政治魄力和战略眼光，更兼文侯其人，有识人之能，容人之量，方可笼络众多贤臣。因此，在魏文侯、魏武侯和楚悼王这些君主身上，秦献公看到了一个强国的统治者理应具有的品质，便将这些品质学了过来。

秦献公在魏国期间学到的治国方法可谓不少。这全赖于他那颗坚决复兴国家的心，如果换了别人，在魏国安逸地过着日子，三十年过去，只怕全然忘掉了自己国家的疼痛。秦国有这样的君主，又何愁不复兴呢？看来，秦国百姓这次的赌注是下对了。这个君王在自己即位的第一年，便开始改变了秦国的生活。

秦献公元年（前384），献公刚在人民的欢呼下登上君主位子，忽然就做出了一件轰动秦国的改革——废除人殉制度。人殉在秦国有多年的历史，它除了让贵族大夫们彰显自己的身份地位外，对于秦国的发展毫无益处。若在国家盛时，对于人口的需求不高，人殉制度的缺点自然也不会太明显。可到了秦献公这年代，对于人口尤其是青壮年的需求提高，人殉制度夺取生产力的缺点便暴露无遗。因此，秦献公废除人殉制度意义非凡。它从根本上制止了秦国生产力和兵源的缺乏。而有了生产力，秦国的农业和工商业便兴盛起来，秦国的经济也因此而重回平稳发展的轨道。至于有了兵源，这对于秦国军事的贡献，自是不用多讲。

这之后，秦献公做了第二件大事——迁都。秦献公将都城从本来的雍城迁到了秦国东部、地近河西地的栎阳（今陕西西安阎良区武屯乡）。这栎阳地近河西，秦献公的这次迁都之举一方面向秦人表明了自己夺回河西之地的决心，另一方面也使得自己远离旧都雍的束缚，因为在这里聚集了一大批有权有势的贵族。

除此之外，秦献公还继续推广当年由秦简公颁布的初租禾。初租禾对于土地私有的认可，对于地主来说当然具有诱惑，但对于贵族来说，却无疑暗中剥夺了他们的权利。因此，初租禾在东部边防地区推行得较为顺利，在西部以雍城为中心的贵族聚集地便受到了很大的抵触。另外，初租禾作为支持地主的政策，还经常引起贵族和地主之间的冲突。

秦献公对于两者之间的冲突，采取了平衡缓和的政策。他没有硬性地要求奴隶主贵族实行自己推行的初租禾，为了拉拢这些贵族，秦献公和当中最有势力的一家结成了姻亲。对于地主阶级，秦献公在他们之中挖掘人才，从中选拔官员，让地主的势力变大，从而平衡其与奴隶主贵族之间的力量。

秦献公以联姻和宽容的方式对待贵族阶级，同时又让实行的政策偏向地主和农民。在这种两相平衡之下，秦献公在拉拢了贵族势力的同时，也获得了地主阶层的支持。因此，秦国渐渐有了复苏的势头。

这之后，秦献公还在国家的各个方面实行各种改革。在秦献公的改革之后，秦国的国力渐强，人口增加，经济复苏，军事素质也提高了不少。但是，当贵族们看透了秦献公的政策后，便明白了这些政策都是以牺牲自己的利益为前提的。因此，秦献公的改革引起了部分贵族的不满，也因为这个原因，改革在秦献公这里才无法跨出更大的一步。

当国内的改革引起了贵族的抗议时，秦献公便想出了对外战争从而转移国内关注点的方法。于是，在秦国经历了秦献公的改革而开始有万物复苏的美好景象时，秦献公便将眼光放到了外国。而在秦献公的眼睛里面，首当其冲的便是在自己东边的韩、魏两国。

千古一王

秦献公的改革总算挽救了秦国持续多年的颓势，将秦国重新拉回了富强的轨道。为此，在秦献公十一年（前374），献公接见了周烈王派来的使节太史儋。太史儋暗示了秦献公，希望秦献公能扛起尊王的大旗，在扶助周王室的同时让自己成为新一代的霸主。听到这里，秦献公的心痒了起来。

就在同一年，在太史儋的鼓励下，秦献公随即派兵进攻了三晋之中的韩国。可是，秦献公的首次用兵竟然以失败而告终。这之后，秦献公又足足蛰伏了八年之久。

这八年之中，秦献公的变法在国内的贵族中引起的不满声越来越大，国内的矛盾也越来越尖锐。这种矛盾如果不及时进行处理，只怕会触动一场大的内战，为此，秦献公让这种情况成为一个直接的理由，开始了他蓄谋已久的对外战争。

对外战争成功转移了国内的关注点。当然，这只是秦献公的目标之一。在秦献公的计划中，收复河西之地远比这个目标重要。因此，秦献公对这次对外战争抱有十分的期望，他期望能顺利达到目标，夺回失去多年的土地。同时，秦献公也抱有十足的信心。根据记载，早在秦献公十七年（前368），栎阳的天空陆续飘下了不少金属材质的东西。这次奇怪的天象给献公理解为上天献给自己的金瑞。天降金瑞当然是不可能的，它可能是秦献公为提升国内士兵士气而采取的一种方法。但是，它也向世人表明了秦献公对于此次出兵的决心和信心。

秦献公十九年（前366），在败于韩国的八年后，献公再次派兵东进。当军队来到了洛阴之地时，秦军遇到了韩、魏联军。联军就在面前，秦献公必须把握这个时机。如果此次兵败，国内群众对于自己将会失去信心。如果此次大胜，自己将争取到更多的信任，从而可以进一步地实现目标。

在此战中，秦献公将决心和信心化成了力量，最后率领着英勇的秦军成功击败了韩、魏联军。这次胜利在秦国国内引起了一阵兴奋，秦人们在秦献公大败韩、魏军队之中看到了秦国变法的结果，也看到了秦国复苏重建威望的希望。

当秦国上下还沉浸在胜利的喜悦之中时，秦献公二十一年（前366），献公再次领兵伐魏。其结果是深入到魏国的内部，在石门（今山西省运城西南）大败魏、赵军队，斩首六万。石门大战是秦国对魏所取得的前所未有的大胜利，在这之后，献公将获得的土地献给了秦国的贵族，从而稍微缓冲了贵族们因变法而不服的心。

这场大胜轰动了秦、魏两国,也震惊了周王室。为此,周显王派出了使节前往秦国祝贺,并且向秦献公献上绘有黼黻花纹的绣品。"黼"是黑白两色相间的刺绣,花纹是一对斧钺,而"黻"是黑青两色相间的刺绣,花纹是一对弓形。因此,这次送礼很有代表性意味。因为赐给诸侯斧钺弓矢,本是周天子承认受赐者为霸主的隆重仪式。在春秋的时候,晋文公就接受过周天子的这些礼物。只是,当时的周王室还有点能力,因此送出的东西是真东西。可是到了战国时候,周王室已经弱到不像样了,因此,周显王只能把绣有这些东西的绣品送给秦国,当是走个形式。

要知道,当魏国在国力顶峰的时候,周王室都没有送出这些东西。而秦国此时不过胜了魏国两战,远远比不上当年魏国夺取秦国河西之地的威风,却有幸获得周王室的认可。由此看出,周王室在当时是有所偏向的。

获得周王室的支持后,秦献公便大胆地更前进一步了。秦献公二十三年(前362),三晋之间又发生了矛盾。秦献公看准了这个机会,再次出兵攻魏,最后在少梁(今陕西韩城南)大败魏军,俘魏军统帅公孙痤,并成功收复了庞城(今陕西韩城东南)。

秦献公三出三胜,似乎意味着秦国的实力已经凌驾在魏国之上了。其实不然,当时的魏国多面临敌,自然无法全身心对付秦国。同时，魏国内部因为公叔痤等人的相争行为，致使军事行动难以一致，最终才难逃败亡的命运。因此，秦国能胜，在一方面虽有自身改革的功劳，另一方面也正好遇上了魏国多事之秋。

少梁之战是险胜的。它并没有给秦人带来太多的兴奋，相反的，它给秦人带来的是警示：在魏国无法全身心抵抗自己的同时，自己还只能以低空飞过的姿态获得胜利。这个警示让秦人明白，秦献公的改革虽好，却仍然具有局限性。因此，若要继续胜利下去，秦国的改革就必须继续，秦国的发展就必须继续。

可是，少梁之战后不久，秦献公便带着未能继续发展秦国的遗憾离开了人间。秦献公作为一个出色的政治家，他的出现为秦国带来了一个转折点，顺利终止了秦国沦落的脚步，成为秦国实现再度崛起的奠基人。

秦献公为秦国的发展做出了巨大的贡献，因此他的死换来了秦人们的痛苦哀悼。在秦献公去世的那天，秦国上下无不感到心痛。秦国好不容易遇上一个明君，为什么上天就要将他给带走呢？秦人的呼唤感天动地，也因此进入了一个年轻人的耳朵里。这个年轻人二十岁左右，眼神隐约间可见先祖秦穆公的刚毅。当这位年轻人听见了秦人们的哭声时，他才明白自己肩上的担子有多么的重。

这个年轻人叫嬴渠梁，是秦献公的儿子。献公死后由他来继承献公的位子。嬴渠梁接过秦国的时候,早有秦献公在自己前面开创了一条改革的道路,因此不至于上位时手忙脚乱。但是,秦国在秦献公时的改革具有不彻底性,因此秦国便没有真正实现富强的目标。而在秦献公死后,诸侯们更看不起他一个二十岁的年轻人。因此,此时的诸侯并没有给嬴渠梁好的眼色看。看来,对于秦国,嬴渠梁任重而道远。

幸好,这个嬴渠梁是个不甘心让人看扁的人物。当时,中原的各诸侯都将秦国看作是夷狄之族。要知道,这种轻视在当时是很严重的。孔子就曾说过一句话:"夷狄之有君,不如华夏之无君。"可见夷狄在中原文明人士的眼里,实和野蛮人毫无差别。因此,面对众诸侯的轻视,嬴渠梁感到愤怒异常。为此,他愤然喊出:"诸侯卑秦,丑莫大焉。"(《史记·秦本纪》)

这声呐喊代表了当时秦人的心声。远在西北的秦国在多年积弱下,国力大降。后虽有秦献公的努力,从而争取到周王室的支持,但中原诸侯对此显然不屑一顾。因此秦人们无不希望有一个统治者能为自己正名,能为自己向世人证明:秦人并非夷狄之辈!

这声呐喊也让我们看出了秦献公的后代并非羸弱之人。面对秦国的衰弱,嬴渠梁痛心疾首。而既然有了担忧国家的见识,也足以见出嬴渠梁此人心存高远之志。既然心有远志,秦国的发展在此人手上也就得到了一个保障。无论嬴渠梁能否将秦国带上真正富强的道路,但他能发出这样的呐喊,起码为秦人打入了一针强心剂——这个继承人不会视秦国之衰退于不顾。

当然，有心不代表有力。当嬴渠梁继承了他父亲的位子时，他的手脚是颤抖的，他的眼神是恍惚的。整个秦国在他的脚下好像在微微地摇晃着，他从来都没有信心让这个国家稳稳地站立起来。但是，既然自己已经被赋予了这个使命，那么自己就有义务去完成它。

嬴渠梁怀着激动的心情和不安的颤抖，在大臣和百姓们的注视之下，登上了秦国的最高位。几年后，这个年轻人将在秦国做出一番轰动的事业来，这番轰动的事业使得秦国真正实现了富强，为秦国后来的统一之路开辟了一个起点。

商鞅从西边来了

秦孝公即位后，面对着一个毫无政治地位的国家，他又该如何去治理呢？变法？他自己心中并没有太多的知识和经验，只怕难以担起这个担子，何况当时自己还得对贵族旧势力礼让几分。秦孝公是想继续变法的，但对于这个目标，他首先想到的，还是寻找人才。

秦献公从魏国那里学到了变法改革和为人君主的道理，秦孝公则从父亲那里学了过来。但是在一开始的政治实施中，秦献公倾向了变法改革，而秦孝公则倾向了为人君主。因为秦国在秦献公进行一系列的改革之后，已经进入了变法的瓶颈阶段。要么碍于执政者难以想出更彻底的变法，要么碍于旧势力对于更彻底的变法的抵触。因此，根据自己即位时的国情，秦孝公即位后做的第一件事便是：求贤。

秦孝公元年（前361），孝公向全天下下达了招贤令，表明了自己求贤若渴的心情。但是，贤人们是没那么容易找的。这道求贤令直到它颁布的两年后，才真正实现了它的效用。

在这两年间，秦孝公也不能呆呆地等待着能人从天而降。毕竟治国还是得靠他自己，贤臣只是个辅佐。因此，秦献公在等待贤人来投的同时，也做了些安抚民心的小动作。另外，为了向外人展示秦国并非夷狄之辈，秦孝公还实施了两线作战的计策：向东出兵包围陕城，向西击斩西戎狼王。而到了秦孝公二年（前360）时，孝公更进一步向韩国发动进攻，在怀（今河南武陟西南）驻军，并在殷（今河南武陟东南）筑城。

秦孝公即位后的两年内便取得了一些小成绩，为此，周显王又给他送来了礼物：文武胙。按照周朝礼制，胙一般只赐给周王的同姓诸侯。至于文武胙的意义更非同一般了，它是指周王祭祀周文王和周武王时用的肉。自周平王以来，异姓诸侯中只有齐桓公获得过这样的殊荣。如此看来，便可见这份礼物的重量了。

其实，当时也没有几个诸侯国会将周王室放在眼里了。因此这份礼物最多就是个象征意义，并没有太大的实际性。也是因为周王室的威望基本落到了小国的地步，因此它才迫切需要一个国家来支持它。而纵观整个地图，只有和自己同命运的秦国最有可能了。

虽然周王室的礼物没有太大的实际意义，但它作为一种认同，确实对于秦孝公激励了不少。当秦孝公亲手接过礼物的时候，他感到激动却又夹杂着些许慌张。自己抱得动这份礼物吗？求贤令已经颁布两年了，还没有一个能人来投，秦国的未来有希望吗？

可就在秦孝公满怀激情却又感到无助的时候，一个人在他的生命中出现了。这个人的到来彻底挽救了秦国。他就是商鞅。

商鞅也叫卫鞅、公孙鞅，是战国时期的卫国人。商鞅自小便熟读百家经典，在深谙各家的理论之后，他最终选择了法家之术，有谓"少好刑名之学"（《史记·商君列传》）。既然是个满腹经纶之人，当然就不愿意待在一个小小的国家，因此商鞅年少时便来到了魏国。

当时正值李悝和吴起在魏国风风火火变法的时候，商鞅看到这些，在怀着羡慕的同时，心中搅动起翻滚的波浪。要到什么时候，自己才能大展身手？

是金子总会发光，商鞅的才能总算得到了时任魏相的公叔痤的关注。于是，公叔痤便令商鞅做了自己的家臣。商鞅在公叔痤手下做事，本以为机会来了，却不知道这个公叔痤本是个嫉才妒贤之人，又哪能让他有太多的出头机会？因此商鞅在公叔痤手下沉寂了几年，也难以向上前进一点一滴。

后公叔痤在和秦献公的对决中被俘，虽然最后被释放回国，但也因此积郁成病。人之将死，其言也善。公叔痤对于能臣排挤了一辈子，在自己即将病逝之前，也难免为这个国家担心了起来。魏国以后要发展，就要有人才，而人才都因为自己的自私而逃出了魏国。这都是自己的责任。公叔痤愧疚不已。

在公叔痤深感后悔的时候，他想起了商鞅。这个人在自己多年的观察之下，其能力绝对不在李悝和吴起之下，魏国若能得到他，不怕发展不了。因此，公叔痤便魏惠王说："公孙鞅年少有奇才，可任用为相。"但是魏惠王对于公叔痤的推荐全然不放在心上，公叔痤也看出魏惠王的敷衍，因此他继续说："王既不用公孙鞅，必杀之，勿令出境。"（《史记·商君列传》）

从公叔痤的言语之中，我们便足以看出商鞅的能力非同一般。可是魏惠王对于人才似乎没有太急迫的需求，因此他也不太在意公叔痤的死前之言。他认为这不过是一个老人将逝之前的痴呆之语，自己随口应几声，算是给他一个交代，也便够了。魏惠王对于人才疏忽至此，魏国由文、武两侯缔造的霸业在这里结束，也是情理之中了。

商鞅见公叔痤已死，而自己也没有获得魏惠王的重用，深感失望。看来，在魏国这种正值兴盛的时代，要用自己这样一个毫无名声的人，基本是不可能了。可是，正当商鞅为自己的未来感到迷茫的时候，忽然从西方传来了一道求贤令。这求贤令是秦孝公颁布的，内容情真意切，语气迫切渴望。这时候，商鞅从这一纸文里似乎看到了自己的希望。这时是秦孝公元年（前361）。

不晓得因为何种原因，要隔了两年之后，商鞅才实现他第一次面见秦孝公的机会。这是发生在秦孝公三年（前359）时，秦公的近侍景监将商鞅正式推荐给了秦孝公。

求贤若渴的孝公一听说商鞅在魏国的故事，二话不说便召见了他。这个时候，战国的一代名君和一代贤臣在秦国的土地上四目相遇，即将碰撞出影响秦国乃至中国历史的火花。

可是，这次会面却没有人们想象中的激情四射。当商鞅对秦孝公讲述起尧舜的治国之道时，秦孝公听得昏昏欲睡。看来这人和一般的孔子门徒没两样。秦孝公是这样想的。在好不容易听完这次无聊的讲座后，秦孝公直骂这个推荐人：你看你给推荐个什么人，这样的人值得重用？

近侍景监被秦孝公的劈头一骂骂得汗流满面，只好跑回去找商鞅抱怨。原来，这商鞅不过是试验一下秦孝公，看这个秦孝公是否是个不能变通的君主。如果秦孝公难以变通，那根本无法支持自己在秦国的变法。这时候，当商鞅听说秦孝公因为自己的尧舜之道而对自己感到失望时，他在这个君王身上却看到了希望。因此，他请求近侍景监再帮助自己一次，为自己当个中间人，安排和秦孝公再次会面。

近侍景监大概也是懂得商鞅的才能，因此他冒着再次被骂的可能，对秦孝公提出了请求。这秦孝公也实在是无可奈何，在缺乏人才的时代，任何的可能性都不能放过。因此，在吃了第一次会面的亏后，秦孝公还是接受了第二次的安排。

本来以为这次能擦出火花，可是，商鞅竟然还是在秦孝公面前大讲商汤周文武德并用的王道。这和尧舜的王道有差别吗？秦孝公实在不愿再听下去了，待商鞅退出后，他又叫来近侍景监斥责了一顿。

这个近侍景监也是无辜，当个中间人，没得收任何好处，还要讨两顿骂，这不是自己没事找事吗？但是，近侍景监还真是没事找事做，或许他对于商鞅的信心太足了，总觉得这个人就是日后的秦相，自己这时候必须好生侍候。因此，在无辜讨了两顿骂后，近侍景监竟然还为商鞅和秦孝公安排了第三次会面。

幸好，近侍景监总算在第三次会面获得了他所应得的报酬——因为秦孝公开始认同商鞅，他为此得到了秦孝公的赞许。近侍景监获得秦孝公的表扬后，激动不已的他积极地为商鞅和秦孝公安排了第四次会面。而这次会面，才真正擦出了明君和贤臣之间的火花。

在这次会面中，商鞅借由李悝的《法经》六篇作为基础，向秦孝公详细阐述了法制强国的理念。其核心就是严法治国、赏罚分明，树立君主威仪，调动各种力量壮大国力。商鞅这次提出的理念直中秦孝公的心。非但在理论上，法制治国的可能性是吸引人的，便是在实际中，李悝变法对于魏国崛起的贡献都是有目共睹的。因此，秦孝公这次听商鞅讲得天花乱坠，自己也听得心花怒放。从此，两朵花触碰到一起，倒结出了一颗丰硕的果实。

于是，秦孝公三年（前359），秦国准备开始一场轰动的变法。可是，在国内旧势力的压制下，这场变法真能如愿地实行吗？

变法就是图强

秦孝公三年（前359），当秦孝公遇上了商鞅后，一代明君搭配贤臣的佳话便由此流传，一幕震人心魄的火花便由此燃放，一颗丰硕的果实便由此结出。一场轰动的变法，已经准备在秦国掀起了它的开幕式。

商鞅为秦孝公制定的变法大致有以下内容：

第一，颁布法律，制定连坐。连坐即一家有罪而九家相揭发，若不揭发，则十家连坐。将一个小系统结为一个法律体系，有利于彼此之间互相监督，从而贯彻法的实施。作为一个法家代表人物，商鞅对于法律的强硬性是很看重的。有一次，商鞅在渭河边上对七百多名囚犯判决，以雷霆手段用大刑伺候，以至渭水尽赤、号哭震天，令人不寒而栗。由此便可看出商鞅抱着多大的决心在秦国变法，而对此不加干涉的秦孝公，其决心也可见一斑。

第二，奖励军功，禁止私斗。对于军功的奖励，一方面激励了士兵为国作战的雄心，在另一方面也打击了贵族的特权。在贵族势力猖獗的时代，对于官位的垄断使得不少有心人士被排挤到官场之外，一辈子也别想踏上仕途。而军功的奖励无疑打破了这种官位垄断，那些有心人士大可以通过为国奉献的途径来增加自己的功绩。

第三，重农抑商。农业在古代是百业之本，农业的发展，基本意味着一国经济的发展。如此便可见重农的重要性。为此，商鞅还制定了"徕民"政策，即招徕三晋百姓前往秦国垦荒。当时秦国地广人稀，土地虽多但人口不足，因此商鞅才对三晋迁来的人口实行奖励政策，从而鼓励外来移民。"徕民"政策大大充实了秦国的劳动力和兵源。

第四，建立郡县制。郡县制的基本意义在于由国君直接派官吏治理，从而加强中央集权。这无疑也触动了地方贵族的利益。

以上四点是发生在秦孝公六年（前356）时的变法，属于商鞅在秦国的第一次变法。这之后，为进一步释放秦国的发展力，商鞅的变法更进了一步。秦孝公十二年（前350），商鞅开始废井田，开阡陌。这项制度是确立地主阶级统治最为关键的一项，它以法律形式正式确立了土地私有制，从而大大地打击了贵族的势力。

这之后，为了便于向东发展，商鞅还建议秦国将都城迁到渭河北面的咸阳（今陕西咸阳东北）。

这些只是商鞅变法中一些具有代表性意义的变法措施，除此之外，商鞅变法还有许多内容。但总的来说，这些变法都逃不出一点，即它适应了奴隶制崩溃、封建制确立的大变革时期，又反过来催化了这种变革的进展。正是这种与所处时代的相互作用，才使得商鞅变法得以在日后获得它非同凡响的意义。

当然，也正是因为商鞅变法的时代意义，才使得这次变法遭受了一些旧势力的抵触。以上所列出的变法，没有一条不是直抵贵族大夫们的心窝，这哪能让他们受得了？因此，早在这些变法还没有开始在秦国实行的时候，秦国的贵族大夫们便有人对此表示了反对。

旧贵族的势力以秦国的太师甘龙、左司空杜挚为代表。甘龙是秦国的世族名臣，在秦国具有足以凌驾秦孝公的威望。他曾在秦献公时辅佐献公实行新政，长期领国的他为秦献公时的发展做出了巨大的贡献。可是身为世族集团的人，甘龙难以对秦国的贫弱产生实质性的认识，因此而产生的疏离感，使得甘龙注定无法在变法上继续前进。而身在这个阶层之中，也注定了他为维护自己阶层而形成的局限性。因此，甘龙虽在秦献公时支持新政，但当新政彻底触碰了他的底线时，他便无法容忍了。

当时为实行商鞅的新法，秦孝公曾开会进行一场讨论。

会上，在听完商鞅的观点后，甘龙发表了自己反对的意见。

他认为"法古无过，循礼无邪"，那又何必要变法呢？为此，商鞅义正词严地进行反驳："前世不同教，何古之法？帝王不相复，何礼之循。"（《史记·商君列传》）时代都不同了，君王都不同了，还法古？还循礼？商鞅的观点明显比甘龙更有辩证的见识，国情不同，治理之法又哪能一概而论。

当听到这里的时候，甘龙看了看秦孝公的表情，发现孝公露出了赞赏的神色。于是，甘龙懂了，他明白秦孝公是支持商鞅的，自己再争辩只怕也无济于事。因此，老谋深算的甘龙决定先隐忍下来，静观其变。虽然甘龙没有直接出面表示制止，但在他暗中的支持下，商鞅的变法也受到了其他世家贵族的抵触。因此，在商鞅提出他的理念之后，要过了足足三年，商鞅才有幸在秦国施展他的毕生抱负。

在秦孝公的支持下，商鞅变法总算在秦孝公六年（前356）得以在秦国国土上轰轰烈烈地开演。此时，商鞅手握改革大权，激情四射，意气风发，整个秦国仿佛成了他的舞台。站在这个偌大的施政舞台上，商鞅感到了前所未有的成就感和期待感：一个属于他的时代终于到来了！

商鞅的变法在秦国雷厉风行地展开，这之中虽有无限反对的声音传入秦孝公的耳中，但意已决的秦孝公一点也不动摇。面对着许多持反对声音的奏本，秦孝公采取了不予理睬的态度，这为商鞅的变法提供了最强有力的支持。在秦孝公和商鞅的坚决下，这次变法在秦国一直进行下去，并没有因为时间的流逝

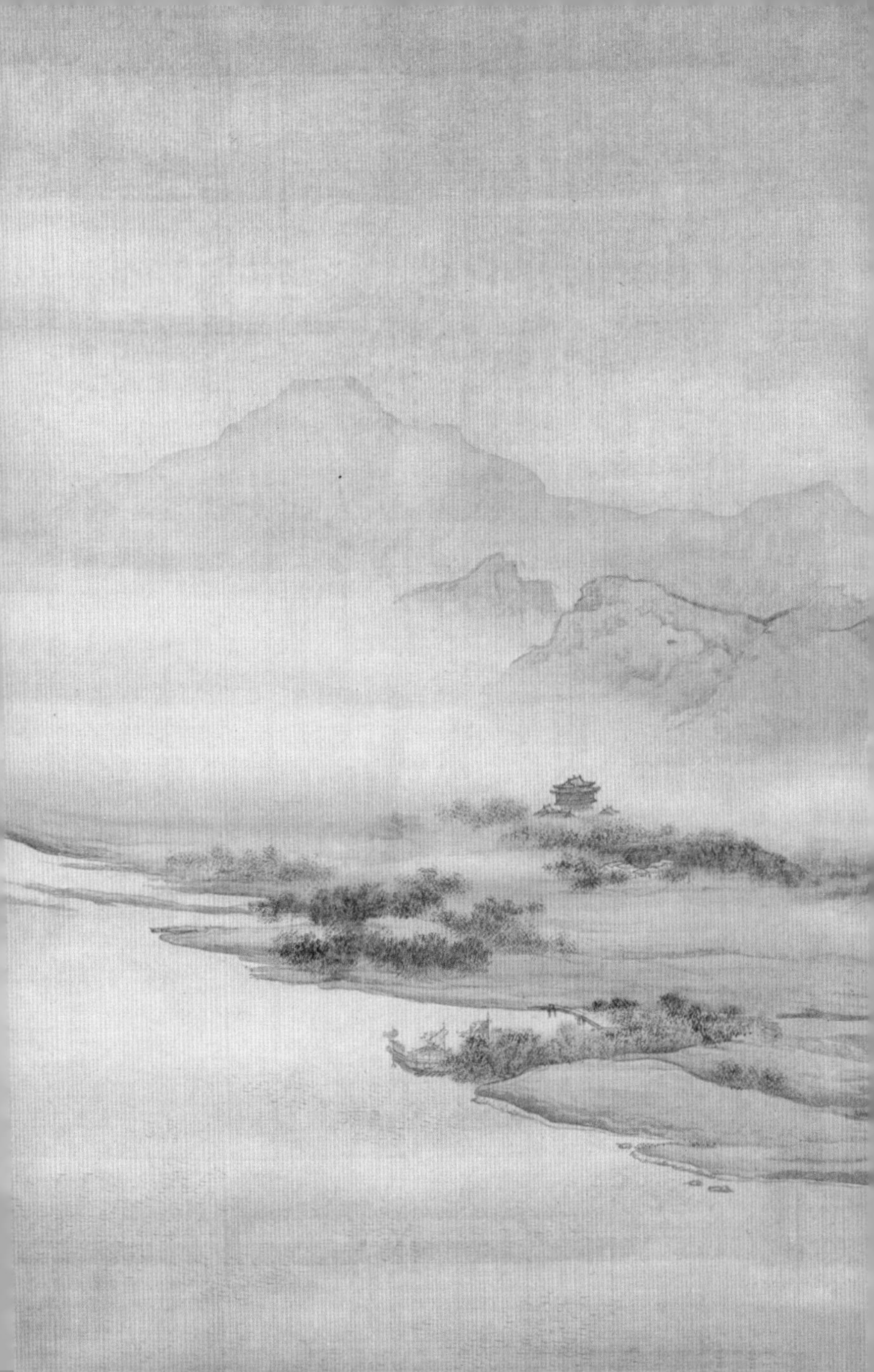

阿房宮賦

六王畢四海一蜀山兀阿房出覆壓三百餘里隔離天日驪山北構
而西折直走咸陽二川溶溶流入宮牆五步一樓十步一閣廊腰縵迴
簷牙高啄各抱地勢鉤心鬭角盤盤焉囷囷焉蜂房水渦矗不知
其幾千萬落長橋臥波未雲何龍複道行空不霽何虹高低冥迷
不知西東歌臺暖響春光融融舞殿冷袖風雨淒淒一日之內一宮之
間而氣候不齊妃嬪媵嬙王子皇孫辭樓下殿輦來於秦朝歌夜弦
為秦宮人明星熒熒開妝鏡也綠雲擾擾梳曉鬟也渭流漲膩棄脂
水也煙斜霧橫焚椒蘭也雷霆乍驚宮車過也轆轆遠聽杳不知
其所之也一肌一容盡態極妍縵立遠視而望幸焉有不得見者
三十六年燕趙之收藏韓魏之經營齊楚之精英幾世幾年取
掠其人倚疊如山一旦不能有輸來其間鼎鐺玉石金塊珠礫棄
擲邐迤秦人視之亦不甚惜嗟乎一人之心千萬人之心也秦
愛紛奢人亦念其家奈何取之盡錙銖用之如泥沙使負棟之柱
多於南畝之農夫架梁之椽多於機上之工女釘頭磷磷多於在
庾之粟粒瓦縫參差多於周身之帛縷直欄橫檻多於九土之城
郭管絃嘔啞多於市人之言語使天下之人不敢言而敢怒獨
夫之心日益驕固戍卒叫函谷舉楚人一炬可憐
焦土嗚呼滅六國者六國也非秦也族秦者秦也非天下也嗟
夫使六國各愛其人則足以拒秦使秦復愛六國之人則遞三世
可至萬世而為君誰得而族滅也秦人不暇自哀而後人哀之後
人哀之而不鑑之亦使後人而復哀後人也

庚申五月吾家

餞春都護復秦艾補丙績阿房宮圖卷軸十二幀愛其筆意
瀟灑民品之尤合吾素之□筆者坦且於其壻付屋參軍杜牧阿房宮賦
北宋上飲託湘斯書皇□錢氏誠求與俟之庶焉

魏泉宗

庚申山

書

而减缓中断。

但是秦孝公的不理睬终究引起了部分贵族的不满：既然秦孝公装作没看见，那就来做件大事让你看看。为了给商鞅难堪，贵族们采取了明知故犯的伎俩，他们就想要看看他商鞅能拿他们怎么样，"于是太子犯法"。(《史记·商君列传》)

这个太子就是日后的秦惠文王。当时太子还小，但他的师傅们可以"帮"他犯法。

太子犯法。这确实是一件大事，也是一件难事。以法治国，当然就要一视同仁。可是对象是太子，商鞅敢将法实施到他的头上吗？秦孝公愿意吗？对此，商鞅想出了一个计策，既免除了惩罚太子，又维护了法律的尊严。

商鞅认为太子犯法，罪在指导太子的人。因此他惩罚了太子太傅公子虔和太子的老师公孙贾。虽然没有直接惩处太子，但对于这两个官位之高的人的惩处也着实令所有贵族们都吓了一跳。经过这一次，他们总算见识了商鞅的决心，也明白了秦孝公对于变法的支持全然不在商鞅的决心之下。因此，他们再也不自讨没趣了。但是，当他们每一次看到商鞅那得意的脸色时，当他们每一次感到自己的权益再次被变法所剥夺时，他们都恨不得剥了商鞅这个罪魁祸首的皮。也因为这样，商鞅的变法为他自己的未来埋下了祸根。

虽然商鞅的变法为商鞅引来了多数忌恨的眼光，但它确实给秦国带来了复苏的美好景象。对农业的支持发展了秦国的经济,对军功的奖励提高了秦国军队的战斗力,而所有的一切变法也彻底动摇了贵族势力的根基,巩固了秦国中央的权力,从而使秦国的政局恢复了安稳的景象。

正当变法在秦国轰轰烈烈地展开的时候,魏国因为魏惠王的骄傲自满逐渐走上了它的衰退之路。对于邻国的衰退,秦孝公明白这正是自己崛起的时候。于是,秦、魏两国再次展开了它们的战争之路。

孝公要东进

秦孝公在变法富强的同时，再次将眼光放到了魏国身上。当年被夺的河西之地一日没收复，秦魏两国之间的战争就一日不能平息。秦献公曾为此而努力，最后遗憾而逝。秦孝公要给秦国和父亲一个交代，就必须继续前进，拿回整个河西之地。

秦孝公的信心是大的，却绝对不是自负。因为非但秦国不一样了，此时的魏国，也早已和昔日的强大相去甚远了。

魏国在秦献公决心改革之后，就吃了秦国多次的亏。待到魏惠王时，这个君王显然并不是让人很满意。别的不说，单说把一个商鞅拱手送给了秦孝公一事，就可以令他感到惭愧。事实也是这样，当魏惠王知道这个昔日被他无视的人，今天竟然将一个积弱已久的秦国给重新扶了起来时，他心里又该是什么滋味呢？

很明显，秦国在秦献公和秦孝公期间的富强对魏国造成了压力，这从魏惠王建筑长城便可看出。秦孝公四年（前358），魏惠王派大将龙贾开始率领军队沿西部边境修筑长城。这条长城的修筑，显示出魏国对秦国已采取守势，也说明中原的诸侯国开始重新认识秦国这个混居戎狄的国家。

这之后，魏惠王还在秦孝公七年（前355）会见了秦孝公。这也足以见出魏惠王确实开始重视起这个国家了。

但是，见了面不代表两人就好起来了。如果秦国和魏国好起来，那他还能往哪里发展？因此，就在这次会面的第二年（前354），秦孝公便开始了他的伐魏之路。

这一年，秦孝公趁着魏国大举进军赵国的时候，在其后方派出大军进攻魏国。魏国在东方正疲于应付齐赵联军，因此无暇顾及西方战线。最后，秦孝公在元里（今陕西澄城南）顺利击败魏军，夺取了长期为魏国占有的少梁。迫于秦国在西方的骚扰，魏将龙贾又受命在阳池（今河南原阳西南原武镇）一线再筑一道长城。与此同时，韩国也自附近的亥谷接着向南筑了韩长城，显然，这也是为了抵御秦国。

可是长城再高再大再长，都阻挡不了秦国东进的决心。

同一年（前354），秦孝公命公孙壮率军伐韩，最后包围了焦城。只是碍于韩军的拼死抵抗，公孙壮才无法得手。公孙壮见局面僵持不下，遂率秦军转攻其他地方，最后在上枳、安陵（今河南鄢陵西北）、山氏（今河南新郑东北）筑城。

秦孝公的东进屡屡成功，大大激起了秦人的信心。这时候，秦国的情况已经和秦孝公即位时相去甚远。秦国军队在魏地的奔驰，使得中华的大地上已经没有一个诸侯国敢再用轻视的眼光来对待这支虎狼之师了。

秦孝公九年（前353），魏军在桂陵惨遭齐国大败。虽然此战大大挫败了魏国的实力，但毕竟曾为骆驼，瘦死了还是比马大的。因此魏国并没有就此一蹶不振，它在战败后奋起拼搏，最后还成功地给了由齐国带领的联军一次小小的报复。

就在魏国忙于东方的事务时，秦孝公还频频地对其用兵。秦孝公十一年（前351），商鞅受命率军进攻魏国西长城的北段要塞固阳，最后顺利迫使该城投降。面对秦国雄踞西方的威胁，魏、韩两国的国君也只得低下高傲的头颅，主动来到秦国，向孝公求和示好。

这两国的求和举动震惊了整个天下，秦孝公此时已经完全敢抬高他的头颅，趾高气扬地俯视着这些曾经看轻自己的国家。秦孝公所取得的成绩也令当初唯一看得起他的周天子看得高兴，因此，秦孝公十八年（前344），在周天子的宣召下，秦孝公会合其他诸侯一起朝见了周显王。这次朝见，秦孝公从周显王那里取得了霸主的头衔。自此，秦国重建了它在西方的霸主地位。与此同时，东方的齐国和秦国遥相呼应，也在这个阶段确立了它的东方霸主地位。

东西方两霸的崛起，令魏国感到恐慌。但是，魏国实力毕竟还是强大的，魏惠王深知这一点。虽然齐、秦在东西方各自确立起了霸权，但中原的事务还是得由自己说了算。魏惠王一如既往地自信，如果没有这股自信，当初他又如何会放走商鞅呢？

魏惠王的自负最终成了他失败的一个原因。他的自负，在魏国多年的商鞅是很了解的。因此，针对魏惠王的这个缺点，商鞅想出了一个可以使自己的伐魏之路更加顺利的计谋。

秦孝公十八年（前344），商鞅回到了魏国，这次他是来游说魏惠王的。商鞅先对魏惠王歌功颂德了一番，然后在魏惠王将他的得意神色毫不保留地表现在脸上的时候，立即劝惠王召开诸侯大会，然后行称王之事。

魏惠王刚一听商鞅的话，倒也吓了一跳。后来他再斟酌了一下，毕竟自己正如商鞅说的，确实有称王的资格。因此，魏惠王采纳了商鞅的提议，于同年邀请宋、卫、邹、鲁等国君主及秦公子少官在逢泽（今河南开封南）进行会盟。

在这次会盟上，魏惠王摆出了周天子的架势，并在诸侯间趾高气扬地发号施令。与会的诸侯看到魏惠王这种自以为是的姿态，无不感到厌恶。只有秦国派来的公子少官在旁边偷偷地笑着，因为他知道了这正是商鞅的计策——麻痹魏惠王，让他的自负为自己树敌。

逢泽之会虽然给了魏惠王一个"王"的头衔，但也因此而使得魏国沦为人人厌恶的魔鬼。但自满的人总是没办法听进别人的指责，因此魏惠王根本不知道这些诸侯们正在背后偷偷地骂着自己。所有的一切都让他感到满意,魏惠王是王,因为他是王,所有人都得服从他。

可是,在逢泽之会上竟然缺席了两个国家——韩国和齐国。齐国强大,不来就算了,韩国一个小小的国家,凭什么不来参加?韩国对这次会盟的抵制令魏国感到不满,因此,这便引发了秦孝公二十一年(前341)的魏攻韩战争。在这场战争中,韩国难以御敌,最后求得齐国的援救,齐国出兵援救,结果在马陵大败魏军。

马陵之战后,魏国还没从战争的创伤中走出,忽然传来秦、齐、赵三面夹攻的消息。原来秦孝公得知齐国在马陵大败魏国后,立即听从商鞅的提议,联合齐、赵趁机进攻魏国。

面对三军夹攻,魏国派出了公子卬前往西线抵抗秦国。这个公子卬和商鞅是旧交,当两军对峙时,商鞅便派出使者写信给公子卬。信中表达了商鞅怀念昔日和公子卬的交情,如今虽两军交战,但商鞅仍旧希望能暂时抛开国仇,两人私下聚一聚,痛饮一杯,一叙旧情。

公子卬见信露真情,却也动了怀念旧友的情绪。因此,公子卬便亲自赴约,往见商鞅。可惜,公子卬却用真心换来了绝情,当他在聚会上和商鞅聊得甚欢的时候,忽然两边跑出甲士,将他一举拿下。

魏军失了主将,商鞅便趁机出击魏军,魏军大败。所谓兵不厌诈,商鞅在战场上的做法还真有法家的气魄。

秦孝公此战让世人见证了他作为西方霸主的实力是不虚的。当然，秦孝公能取得这一切成绩，除了靠他自己的努力外，最大的功劳还得归于商鞅。因此，秦孝公慷慨地把邬（又名於）等十五个邑封给了商鞅，因此地名商，商鞅的名字便由此而来。

这时候，商鞅在秦国的地位已经无人能及。但是，别看商鞅权大，要仔细分析起来，不难看出商鞅的背后其实只有一个秦孝公在支持着，秦国的贵族们没有一个不想将商鞅活剥生吞的。因此，当秦孝公死后，商鞅便也迎来了他的死期。

秦孝公二十四年（前338），一代霸主秦孝公去世了。秦孝公是继秦穆公之后第二个得到霸主名称的秦国国君。他起于秦国的危难之时，以力挽狂澜之势成功地挽救了衰退的秦国，为秦国日后的统一做出了不可估量的功劳。因此，将他称为千古一王，名副其实。

秦孝公的时代结束了，在他发展着秦国的同时，其他国家也正在经历着它们的变动期。这之后，一个属于变革的阶段即将结束，一个属于大动荡的阶段应运而生。

再起动荡的时代

秦国正在如火如荼地开展着它的变法,其他国家也从不闲着。当魏国到了魏惠王时,这个曾经缔造出霸业的国家,也不得不承认此时的它已然明显感到了来自近邻的压力。这近邻不仅仅有秦国,还有韩国,有赵国,有齐国。改革从来不特别地属于任何一个国家,它属于一整个时代。

魏惠王这人虽说没有大智,但也不至于大愚,因此当时魏国还可以勉强维持着它的霸业。可是不久后,这种霸业在魏惠王手里便开始走上了衰弱。魏国的衰弱同时引起了其他国家的强大,从此,战国在经历了改革风潮后,再次开启了烽火狼烟的时代。

至于魏国的衰弱,还得先从两个人说起。

当时有个人名叫庞涓,本师从鬼谷子,后学成下山,投了魏国。这庞涓是鬼谷子的嫡传弟子,见识和能力自然都是一等一的，因此很得魏王宠爱，最后官至上将军，统管魏国兵权。

当庞涓正在魏国享受这份高官的荣耀时，忽然一个消息传入了他的耳朵里——孙膑被魏王请下山了。不知为何，这个消息令庞涓深感不安，他手中的杯子不小心摔破，整个房间似乎摇动起来，好像一切都将消失在这场震动之中。但是最后他稳了稳，撑起笑容接待了这个昔日的兄弟。

原来这孙膑是孙武的后人，曾和庞涓一起师从鬼谷子。孙膑天资在庞涓之上，更得鬼谷子师傅亲手传授兵法，因此能力自是比庞涓还强。这也是庞涓所担心的地方，既然能力比自己还强，便是自己的敌人！而当孙膑在魏国越来越得魏惠王的喜爱时，庞涓的危机感便一天重于一天。最后，他用计软禁了孙膑，还对他实行了酷刑。

孙膑知道庞涓是因嫉妒而下狠心，因此聪明的他便装疯卖傻，倒也瞒过了庞涓。那时，有个人知道孙膑的处境，便来到齐国向齐威王讲述。

齐威王愿不愿意接纳孙膑呢？如果早一点，或许不会。但这时的齐威王已经与几年前那个沉迷于酒色的国君不一样了。事情是这样的，齐威王即位时，如当年的楚庄王一般不理国政，后在大臣的极力劝谏下，终于振作了起来。这时候，有个叫邹忌的平民来到齐威王面前鼓琴自荐。齐威王见邹忌有过人之处，便任其为相，在齐国进行了一场改革。

邹忌的改革虽没有商鞅的高明，却也成功地富强了齐国。

齐威王在邹忌这里见识了贤臣对于国家的重要性,当有人来讲述孙膑的故事,讲述的这个人又是赫赫有名的墨子时,他当然对此很感兴趣。于是,他命令田忌无论如何一定要将孙膑带回齐国。最后,田忌以假孙膑瞒过了众人的耳目,将真孙膑成功带回了齐国。

孙膑回到齐国,便受到了齐威王和田忌的礼遇。著名的田忌赛马典故里的计策就是孙膑给田忌出的主意。因为孙膑的聪明,齐威王便拜孙膑为大将。这时,魏国自失去了商鞅之后,又失去了一名贤臣。

当庞涓和孙膑的故事连接到时代这个大背景时,历史便因这两个人开始转向。

秦孝公八年(前354),在魏惠王的任命下,庞涓率领了八万魏军进攻赵国。在庞涓的统领下,魏国大军直逼赵国都城邯郸。在苦战一年后,赵国终于快撑不住了,急忙向东方的邻国齐国求救。

当时齐威王强国之后,正欲向外进行扩张。因此,在得知赵国危机时,齐威王便命田忌为主将,孙膑为军师,领兵救赵。这时候,两个昔日的同窗好友,在战场上展开了他们的厮杀。

为了救赵国,田忌采取了孙膑"围魏救赵"的计策,挥师直捣魏国军事重镇平陵(今山东定陶)。庞涓眼看胜利在即,当然不便退兵救援,因此下令猛攻邯郸。最后,在庞涓的猛攻下,邯郸陷落。邯郸陷落的时候,齐军也已经逼近了魏都大梁。魏惠王慌了，只好下十万火急之书令庞涓领兵回救。庞涓接令后，也只得放弃邯郸，回师救援。

当庞涓兵至桂陵（今河南长垣西北）时，忽然两路杀出齐军。奔波回国的魏军自然敌不过以逸待劳的齐军。因此，孙膑在此战大败庞涓，为国争光的同时也报了私仇。桂陵之战大大打击了魏军，也首次见证了齐国在邹忌变法后的崛起。

到了秦孝公二十一年（前341），魏国为弥补桂陵之战所带来的亏损，令庞涓出兵弱小的韩国。韩国敌不过魏国，便向齐国求救。此时孙膑一如往常当起了军师，再次和庞涓在战场上斗智斗勇。

魏军眼见伐韩胜利在即，偏又碰上齐国这个程咬金。愤怒之下便决定先歼齐军，再灭韩军。因此，当齐军进入魏国国内时，魏军便回师尾随。

鉴于魏军的自大，孙膑向田忌献出了添兵减灶的计策，即当两军相遇时，齐军开始每日减灶的动作，从而给魏军造成齐军败退的假象。庞涓确实比不过孙膑，这个计策很快就蒙骗了庞涓。于是，庞涓领着精锐骑兵前往追赶撤退的齐军，最后却在马陵（今山东郯城一带）遭到了齐军的伏击。庞涓两次败在了孙膑之下，遂愤然自杀。魏军主将和主力军一败，其余部队便如散兵一样，在齐军的冲击下全军溃散。

马陵之战再次以齐国胜利而结束。齐国经由桂陵之战和马陵之战大胜魏国之后，其在诸侯中的威望大升，完全超过了魏国,也由此称霸了整个东方。而魏国在这两战之后,军事实力受到重创,又遇西边秦国的时刻侵扰,因此从此丧失了与齐秦两国争霸的实力。自此,历史从此进入了齐秦相争的时代。

三晋之一的魏国走上了衰退的道路,至于三晋之中的其余两国在这个阶段又有怎样的命运呢?

韩国在三晋之中一直处于弱势,因此外人要打三晋,必先打韩国。到了韩昭侯即位才逐渐改变了这个局面。

在韩昭侯在位期间(前362—前333),以申不害为相国,在韩国实行改革。在申不害的改革下,韩国倒也逐渐兵强国治,政治清明。虽说底子小的韩国在改革之后仍旧难以和齐、秦这样的大国相匹敌,但至少在短暂的时间内,韩国的强大足以使得外人不敢对其乱来。

至于赵国,这个被多个强国包围的国家自然也没有一条顺当的路。直到赵武灵王在其在位期间推行了包括"胡服骑射"等一系列改革之后,赵国才真正走上它的强国之路。

历史到了这里,从最开始的魏文侯,到最后的赵武灵王,这期间经历了楚悼王、秦孝公、齐威王和韩昭侯,战国历史上的大国除了燕国稍微晚起步之外,无一不在战国初期踏上改革之路,也无一不因改革而使国势强大。这些都说明了一个问题,局势在前进,政策如果无法跟上,只会落入闭塞衰竭的境地,因此,改革很重要。

改革的风潮过了之后,以桂陵之战和马陵之战为起点,战国时代便也由此进入了大对决的阶段。这里的对决包括政治上的，也包括军事上的。而无论是在哪一方面的对决，接下去的战国历史都为后人留下了极其宝贵的经验。

在政治上的对决，最令后人津津乐道的自然是合纵和连横了。合纵连横作为时代的产物，见证了战国时期各大战略家的眼光和见识，同时也让后人领教了嘴上功夫的厉害。因此，接下来的历史，将在一群外交官的手上翻来覆去。战国，开始了合纵连横的历程。

第三章

合纵连横：玩转四方得渔利

惠文王要当励志帝

秦孝公二十四年（前338），四十四岁的秦孝公英年早逝，太子即位，是为秦惠文王。秦孝公是秦国历史上一位有作为的君主，他在秦国的崛起中起着不容忽视的作用。其最为称道的就是重用商鞅，在各种阻力之下仍支持商鞅变法。

我们知道商鞅最终被车裂，但是，我们不能否认，商鞅变法造就了秦国的富强，而商鞅的变法没有秦孝公的支持，也就无从谈起。所以当失去靠山以后，商鞅何去何从成了现下迫在眉睫的问题。

这日，多年没有出门的公子虔来到大殿，将一纸诉状送到秦王手中，却见那秦惠文王读罢，眉头紧锁。原来，这诉状中所写乃是告发商鞅与魏国通信，图谋造反，此事虽然疑点重重，却也不是毫无根据。

商鞅本是卫国人，因不受国君重用，有感怀才不遇，又赶上秦君广发请柬，招贤纳士，便入秦为相。但是，古人的乡土观念浓厚，又有那句"非我族类，其心必异"的古训，商鞅变节也不是没有可能的。

秦惠文王这样想着，心中并不愿意相信这样的事实，毕竟话又说回来了，商鞅对秦国的贡献是不容磨灭的。排除秦惠文王与商鞅的个人恩怨，秦惠文王对商鞅的才干仍然是赏识的，对商鞅此人也是愿意信任的。

话说秦惠文王与商鞅的恩怨，这要从秦惠文王为太子时说起。商鞅一入秦国，便得秦孝公重用，实行了一系列的变法措施，废井田，开阡陌，实行郡县制，奖励生产和战斗，登记户口制，实行连坐之法。这些措施，对于旧贵族来说，无疑是当头一棒，利益大大受损。

对于旧贵族来说，最难以接受的莫过于爵位与俸禄的丧失，因为在变法之前，这些都是他们世世代代享有的政治和经济特权，贵族子孙即使对国家没有贡献与功劳也照样能够世袭特权。这样世袭的官制，使得各阶层之间鲜有流动，更养育了一批养尊处优、不思进取的阶层。

商鞅当权以后，首先便是拿这些宗室贵族开刀，以军功为加官晋爵的依据，宗室贵族同样无功不受禄，如此一来，宗室权力衰弱，利益大大受损。随着改革的进行，商鞅与旧贵族形成了一种难以调和的对峙关系。司马迁在《史记》中评价商鞅："商君相秦十年，宗室贵族多怨望者。"

变法之初，各种阻力扑面而来，身为太子的秦惠文王在新法面前，也是利益受害者之一。不满新法的宗室贵族便联合起来，唆使太子知法犯法，年轻气盛的太子心有火气，又加上宗亲在旁煽风点火，便带头犯法了。

此时，新法刚出，刑不上大夫的理念已经被废除，天子犯法尚且与庶民同罪，太子犯法，当以律例处分。按照秦国新出律法，违法者当受黥刑。作为未来的国君，却要顶着这样的耻辱整日面见群臣，那颜面何在？

惩罚"储君"是冒天下之大不韪，但法律既出，自然也不会只是摆设。商鞅的铁腕手段尽人皆知，那么，太子犯了法应该如何处置呢？只见那商鞅大手一挥，太子不能惩罚，他的两个师傅，总可以治他们一个管教不严之罪。

商鞅命人将太子的两个师傅公子虔和公孙贾唤来，以他们代替太子治了罪，这二人一个被割掉了鼻子，一个在脸上刺了字，真是冤枉透顶。"刑其傅公子虔，黥其师公孙贾"，商鞅这一招杀鸡给猴看的戏码确实有效，如此一来，那些蠢蠢欲动的王公大臣即使心中窝着一口怨气，却也都不敢触犯新法，胡作非为了。

当时身为太子的秦惠文王虽因"储君"的身份没有被施刑，但他仍觉得脸上没有光彩。男子汉大丈夫，却让老师为自己承担罪名，让别人代为受过，这真是往脸上抹黑，丢人现眼的事情。因为此事，商鞅与秦惠文王之间的恩怨愈发复杂起来。所幸秦惠文王是一个通情达理的明君，私人恩怨其次，国家社稷为大，并没有将对商鞅的不满带到朝堂之上。

能够如秦惠文王一般恩怨分明非常人能够做到。太子傅公子虔就做不到。公子虔能够成为太子的老师，肯定不是简单人物。他因商鞅割他鼻子一事耿耿于怀。可以想象，一个很有名望的人却没有了鼻子，那是一件多么让人感到耻辱的事情。

公子虔心中的怨与恨有如滔滔江水连绵不绝，却找不到发泄的出口，毕竟商鞅当权，秦孝公是他有力的后盾。公子虔强压着心中的怒火，忍气吞声"杜门不出八年"之久，直等到他的学生秦惠文王登上王位，公子虔认为他报仇报冤的时机到了，这么多年的隐忍终于暴发。他在秦惠文王面前告发商鞅变节。

公子虔的诉状之后，纷至沓来的还有众多宗室旧贵族的上书，大好时机，有仇的报仇，有冤的报冤。众愤难平这种情形之下，秦惠文王思量片刻，为一人而令众人愤怒，这实在是划不来的交易，暂且不论商鞅是否通敌变节，先将他抓获了再说。

对于秦惠文王来说，杀商鞅以平民愤，这是一个不难的选择。此时变法已经成效显著，深入人心，没有商鞅，变法依旧会在既定的轨道上继续前行，所以并不是非商鞅不可，既然如此，他的价值也就不长远了。而宗室贵族却是不一样的，他们不仅势力强大，更有充分的利用价值。

一个国家的稳定与强大，这是多少性命、多少鲜血才换来的。对个人而言，生命诚可贵，但在国家利益面前，个人性命如蝼蚁般渺小，此时，为了国家的稳定，牺牲掉一个商鞅又算得了什么？现实就是这样残酷。

尽管商鞅对秦国忠心耿耿，更是做出了不可磨灭的贡献，为秦国吞并六国、一统天下奠定了基础。但是，在一番衡量之后，秦惠文王还是做出了杀商鞅的决定，也许对于秦国来说，这是一个不错的选择。

商鞅眼见不利局势越来越糟，又闻秦惠文王要杀自己，知在秦国已无活路，便趁着月色摸黑逃出，往魏国方向而去。一路奔波，眼见要出关了，又累得要命，便想在客栈留宿一晚，歇个脚，明日天亮了再赶路。

商鞅来到客栈，却因为没有证件而被拒之门外，一连投奔几家，皆是此种结果。依据商鞅新法，住店要出示证件，没有证件者若是被留宿了，店主也要承担相应的罪责，这就是所谓的连坐法。商鞅万般无奈，大叹一口气，心中五味俱全，悲喜交加，自己立的法，却将自己给拦住了。

商鞅拖着疲惫的身体继续赶路，入得魏国境内，却被赶了回来，商鞅曾领兵攻打魏国，魏人对商鞅甚是仇恨，哪里还会收留他？商鞅终究逃不过一死，这真是商鞅名扬于新法，死于新法，也算是冥冥之中注定的了。

对于商鞅此人的评价，历来褒贬不一，司马迁评价他："商君，其天资刻薄人也。迹其欲干孝公以帝王术，挟持浮说，非其质矣。且所因由嬖臣，及得用，刑公子虔，欺魏将卬，不师赵良之言，亦足发明商君之少恩矣。余尝读商君开塞耕战书，与其人行事相类。卒受恶名于秦，有以也夫！"王安石评价他道："自古驱民在信诚，一言为重百金轻。今人未可非商鞅，商鞅能令政必行。"《资治通鉴》中也有提到他："商君尤称刻薄，又处战攻之世，天下趋于诈力，犹且不敢忘信以畜其民。"

商鞅的性格之中存在着刻薄少情的一面，这是众多史家的共识。商鞅的朋友赵良也曾劝诫他留好退路，早做打算，"刑黥太子之师傅，残伤民以骏刑，是积怨蓄祸也"。但是，商鞅依旧我行我素，这也许与他所信奉的法家思想有关，他的这种性格成为造就他悲惨命运的一个因素。

不管后人如何评价他，商鞅变法对秦国的贡献却是有目共睹的。可以说，秦国的崛起与强大正是在商鞅变法之后，仅凭这一点，商鞅就足以被历史铭记，永垂不朽。

合纵连横

春秋初期，中国大地上有一百四十多家诸侯，随着各家兼并战争的持续，诸侯国的数量锐减，到战国初期仅有二十几家。这二十几家中有七家实力最为强大，乃是秦国、齐国、赵国、魏国、韩国、楚国、燕国，史称"战国七雄"。

战国七雄使尽浑身解数，开展富国强兵的策略，在想要吞并彼此的同时又要防止被吞并掉，在这样的环境中求得生存，实属不易。各国需在加强自身实力的同时，搞好与其他各国的关系。

国与国的关系，是一门高深的学问，尤其是在战乱充斥之时，敌友关系往往就在一念之间，而这有时却决定着一国的兴亡，所以什么样的外交策略便显得格外重要。《韩非子》中有"外事，大可以王，小可以安"的说法。

战国时期，最为人称道的外交策略便是合纵连横，或称纵横,这一战略持续到秦灭六国,一统天下。合纵连横主要针对秦国而生,却反被秦国利用,衍生出远交近攻的战略,完成了一统天下的大业,天数的安排有时候真的让人很是哭笑不得。

所谓合纵连横就是各国互为拉拢,互为利用,共同对抗敌国的战略。顾名思义,合纵,就是南北纵列的国家相互联合,连横,就是横向国家相互联合。

战国初期,齐国是东方大国,而秦国经历了商鞅变法以后,后来者居上,迅速崛起,成为一个独当一面的西方大国,其余五国均无法与秦国、齐国抗衡。迅速强大的秦国、齐国下一步战略必然是继续实施兼并战略,弱国将面临严峻的危机。

根据战国初期形势,所谓的合纵连横针对性已经十分明朗,合纵主要是对燕国、赵国、魏国、韩国与楚国而言,它们中的任何一个国家都不足以单独与秦国或者齐国抗衡。所谓唇亡齿寒,这几个弱国联合起来,共同对抗齐国、秦国,以防止被兼并反倒是明智之举。

你有张良计,我有过墙梯,合纵既出,齐国、秦国能够到今日也不是吃素的,针对合纵,出台连横战略。各国将恩怨放下,能够走到一起,无非是为更长远的利益打算,但是,没有永远的朋友,也没有永远的敌人,只有永远的利益。当利益不均或者有更大的利益诱惑之时,什么朋友与敌人都成了虚的,利益才是至高无上的,秦国或者齐国就是利用人性的这一弱点去拉拢一些弱国,加入到自己的阵营中,攻打另外的弱国,达到兼并弱国的目的。

到了战国中期，随着形势的日新月异，合纵连横的针对性也在不断变化。随着商鞅变法的持续进行，秦国一国独大的局面渐渐形成，成为六国共同的威胁。面临这种新局面，其他六国调整战略，逐渐走入一个阵营，此时的秦国成为众矢之的。

这一时期，合纵连横局势便成为六国联合共抗秦国，是为合纵，秦国拉拢弱国，各个击破，是为连横。

战国时期，有名的纵横家有苏秦、张仪还有公孙衍。在中国古代，法律尚不健全，人治一向是主流。在人治的社会中，个人意志显得尤为重要，一个君主的才干能够决定一国的兴衰，而一批有才干的贤臣，能够将一国带入一个更高的发展层面。

我们所熟识的商鞅便是极好的一例，商鞅变法之后，秦国迅速崛起，可以说秦国一统天下的基础是商鞅变法之后奠定的。试想如果没有商鞅变法，秦灭六国，一统天下，能否成功，亦未可知，所以说个人力量是不容忽视的。

我们提到的纵横家苏秦、张仪、公孙衍却是利用三寸不烂之舌的功夫将合纵连横的思想传播到神州大地的每一个角落，从此战国历史的色彩被他们改变了，两千多年过去了，他们的名字在史书上依然熠熠生辉。这更加让我们明了，一个人能够让历史铭记，不一定是因为创造出了多少价值的物质财富，一个伟大的思想也是不可估量的贡献。

苏秦与张仪均从师于鬼谷子，鬼谷子是个颇有传奇色彩的奇人，是春秋战国时期纵横家的始祖。鬼谷子，其名王诩，常年在山中采药修道，号玄微子。王诩住在阳城山中谷地，此地林木茂盛，谷深不可测，常年无人居住，便被人称为鬼谷，王诩就自称鬼谷先生，后人便以鬼谷子相称，后人根据其言行编著而成的大作也被命名为《鬼谷子》。

据史书记载，鬼谷子上知天文，下知地理，通晓数学，熟稔人性心理，是个集各种智慧于一身的传奇人物，可以称之为思想家、教育家、谋略家、兵家、纵横家，这么多的美誉集于一身。

这样一个具有传奇色彩的不凡人物，自然有有志之士前去投师，鬼谷子皆倾囊相教。但是，能够如他这般学尽天下智慧的少之又少，能够在一方有所作为的倒也是有的，有如孙膑与庞涓，苏秦与张仪。我们知道孙膑、庞涓是春秋战国时期有名的兵法家，孙膑还著有《孙膑兵法》一书，成为后世兵书的一个典范。苏秦与张仪二人也不是简单人物，这二人仅凭一张嘴就成为家喻户晓的人物，而他们所倡导的纵横思想则贯穿着整个战国历史。

鬼谷子除在山中修行外，还到各地去游学，可谓是行万里路，读万卷书，因此他的思想皆据现实而来，非常具有实用价值。

鬼谷子死后，他的思想被留存下来，后人根据其言行编著成了《鬼谷子》一书，书中涉猎广泛，乃鬼谷子一生所得。一方面《鬼谷子》内容丰富，包含政治、军事、外交谋略及其言谈辩论技巧。值得庆幸的是，此书被完整流传下来，这为后人研读鬼谷子提供了方便。另一方面这本书中的策略也为今日外交与商战提供了借鉴。

鬼谷子作为纵横学的始祖，他的两个弟子苏秦、张仪继承了他的衣钵，成为纵横学的倡导者。苏秦曾凭借其三寸不烂之舌游说六国，联合攻打秦国，是为合纵战术。张仪则恰恰与之相反，他凭借其谋略游说，利诱兼具威胁，将六国同盟打破，才使得秦国各个击破，终成一统大势，其中张仪的功劳可谓极大。

尽管苏秦与张仪处在政敌的位置，但是，这二人却并没有直接打过交道，因为苏秦要比张仪年长，苏秦去世时，张仪才初出茅庐，与张仪演对手戏的是公孙衍。

公孙衍，魏国人，曾入秦为官，官职犀首。有史书记载，犀首乃公孙衍号，至于犀首是公孙衍的号还是官名，各有争执，不能确定。我们更愿意相信，犀首是为官名，时人常以犀首称公孙衍，于是犀首便成了公孙衍的代名词。

公孙衍起先事秦国，后被魏国收买，便入魏为相，提出了合纵的战略，并联合燕国、赵国、韩国、楚国，连同魏国共同攻打秦国，重创秦国。

纵横家的合纵连横对当时的时局影响是非常大的，时人道："公孙衍、张仪，岂不诚大丈夫哉？一怒而诸侯惧，安居而天下熄。"能有这样的评价，也算是不枉此生了。

河西是老秦家的

秦惠公十一年（前389），秦惠公壮志踌躇，多年的养精蓄锐，终可大展身手。兵力充盈，粮草满仓，五十万大军，这样的阵容怎能不令秦惠公意气风发，他一心开往河西重镇——阴晋。让秦惠公意想不到的是，这一决策竟然成了他终生的耻辱。

河西之地与秦国仅仅一河之隔，乃是秦国通往中原的门户，其战略性可想而知，而河西重镇阴晋更是重中之重，秦国要想实现入主中原的野心，必须占据阴晋，乃至河西之地。其中的原因颇多，在此举三例为证：

首先，战争需要战略物资的供给，河西是通往中原的必经之路，但是，现实情况却不尽如人意，河西一直被魏国占据，唯有搬走这块绊脚石，才能打通这一战略通道。

其次，秦国与中原的商贸往来，也途经河西，而魏国一直在从中赚取渔翁之利，秦国商贸多受盘剥，秦国早有打破这种不利局面的意图。

再次，从最基本的自保角度来说，秦国占据河西之地也是必要的。秦国有黄河之险，以崤山、函谷关为屏障，但是，这均需要以河西之地为依托，所以，没有了河西之地，这一切都成了空谈，暂且不说称霸之事，尚且自保都是上天保佑了。

仅此三点，河西之地，就必须是秦国的囊中之物，但是，夺得这样一个重地却非易事。秦国与魏国河西之争久矣，两国此地战事也不曾间断。对于魏国来说，自然也知道河西对于秦国的意义，自然不肯相让，魏国在多次倾力击退秦国之后，仍旧稳占河西。

这一年是秦惠公登上大位的第十年，这一次，秦惠公将满腔的激情倾注于攻占河西，以五十万兵力与魏争夺这一战略要地。魏以吴起为将，领五万兵力相抵挡，十比一的比例之下，秦军似乎胜券在握。但是，历史就是这样的出人意料又这样的大快人心，魏军竟然以少胜多，最终凯旋，成了赢家。

面临这样的结局，魏人欢呼雀跃之，秦惠公意气消沉，锐气也被杀得全无，大叹一声，满是无奈，得河西之地的愿望只有留给下一代了。

五十多年过去了，秦人仍在为祖先的遗愿而奋斗，这一时期，形势却是大变，不同往日了。商鞅变法之后，一个强大的秦国迅速崛起，到秦惠文王即位，接手的是一个成为众矢之的的强秦。虽然，秦惠文王因为政治需求车裂了商鞅，但是，商鞅变法不但没有被废除，反而被继续延续，深入人心。

而此时的魏国，却是另一番情景。马陵之战，齐国、魏国交兵，魏国大败，十万大军被歼灭，士卒短缺，也没有像吴起这样的良将，可以说魏国正处于内外交困的境地。

如此良机，怎能错过？秦孝公在世时，就曾多次派兵再次进攻河西，得胜而归，俘获了魏国主将公子卬、魏错。秦孝公一世，对魏国的战争屡战屡胜，其中最为有成就者当数庞城与商鞅。

秦孝公十年（前352），齐国、魏国大战于桂陵，两军打得不可开交，魏国兵力皆出动，国中守军稀少，庞城趁此时机，东攻魏国。魏国见后方被秦攻打，两边受敌，却也无法分身，心中直骂秦君是个卑鄙小人。可惜，历史已经走入了战国，春秋时期的那种中规中矩的君子战争已经过时，兵不厌诈已经深入人心。

庞城顺利攻入安邑，魏国守军竖起白旗，庞城大胜而归，得魏将魏错。在庞城之后，商鞅在次年领兵再次攻打魏国，捉拿主将公子卬，给魏国雪上加霜。此时，魏国主力消耗殆尽，秦国夺回河西指日可待。

收纳河西的愿望还没有实现，秦孝公就一命呜呼了，真是"出师未捷身先死，长使英雄泪满襟"。子承父业，秦孝公死后，秦惠文王即位，即位之初，秦惠文王在旧贵族的怂恿下，将商鞅车裂后，待朝政稍作稳定，秦惠文王便再次将攻取河西之地视为心头大事。

随着秦国的日益崛起与强大，攻取河西理当成为当务之急，毕竟秦国的野心随着实力的扩大在不断膨胀，只有早日拿下河西，才能够走出关中，走向中原，与六国一决雌雄，最终完成一统天下的大业。

河西之地，秦国觊觎已久，面临秦国的野心，魏国也不曾懈怠。魏国已大不如以前，况且又有强敌齐国，两面受敌，要与秦国硬拼自然占不得上风，既是如此，那只能自保，以守为攻了。魏惠王在位时，为防止秦军前进，修建了崤山长城，但迅速崛起的秦国野心勃勃，势在必得，区区一长城，哪里能够阻挡得住秦军的进攻。

商鞅死后，秦惠文王重用公孙衍。公孙衍是魏国阴晋人，战国时期有名的纵横家，主张联合诸国共同抗秦，不过这都是在其背叛秦国，投奔魏国之后的事情，此时的公孙衍对秦国还未有二心。

也许是因为时代背景使然，战国时期的忠君思想并不浓厚，士人更为关注的是个人价值的实现，哪里能够提供施展才华的舞台，哪里便是效忠之地。在这种观念的指导之下，背叛时有发生。当然这也不能全部归结为时代因素，个人意志也是重要方面，为利益所诱惑而另投他主者也大有人在。

但是江山易改，本性难移，一个人若是有了背叛的前科难保他不会再次背叛。但从另一个方面看，人非圣贤，孰能无过，若是因为一次犯错，就将人的德行一竿子打死，这也未免太不符合人之常情。所以说，如何对待这种贤才，那就要考验君主的慧眼了。

公孙衍本是魏人，秦惠文王将其任命为大良造，与其一同谋划攻打魏国、夺取河西之地事宜。这年是周显王三十六年（前333），秦军整装待发，秦惠文王命公孙衍领兵，大举进攻魏国。只见那公孙衍号令一发，秦军便气昂昂往关外而去。

作为昔日大国的魏国，再也雄壮不起来，多年的战争，已经让它筋疲力尽了，与齐国的较量更让它穷途末路。士卒少，粮草缺，将领无能，试想这样一个魏国如何能够与赳赳强秦相抗衡？

公孙衍领兵往自己的老家气势汹汹而去，这引狼入室一词说的应该就是公孙衍这样的人，魏军不能抵挡秦军的强大攻势，只好投降，在割地等条件的威逼利诱下，秦魏修好。魏国将阴晋割让给秦国，秦国自然乐意，我们前面也说了，阴晋乃是河西重镇，秦以此为依托，攻打魏国夺取河西，便是轻而易举了。河西一旦落入秦国手中，那么向东扩张，觊觎中原的梦想也就指日可待了。

阴晋既得，秦惠文王心头的一块大石头落地了，但是，人的欲望永无止境，永远无法满足。对于这份既得利益，不过是秦国的一个阶段性目标而已。

周显王三十九年（前330），公孙衍再次领兵攻打魏国，魏国倾其兵力，不过八万余士卒，在与秦军作战中，竟有一半被杀，他们的主帅龙贾被俘。魏军群龙无首，一击即溃，秦军顷刻便取得胜利。

没有招架之力的魏国再次求和，代价是全部的河西之地，至此，河西之地终于再回秦国，秦国打开了通往中原的门户，距离梦想渐行渐近。

张仪我来了

阴晋一战可谓是让公孙衍出尽了风头，魏国战败以后，以割让阴晋为请和筹码，秦惠文王欣然应允。尽管他的终极目标并不在于此，毕竟心急吃不了热豆腐，台阶还必须一步一步走，这么多年都等了，这一时半会儿的功夫还是等得的。一年的养精蓄锐以后，公孙衍再次领着秦军踏上了魏国的国土，这一次，他的目标是整个河西。公孙衍的军事才能依旧好得没话说，魏国主将龙贾也被生擒。所谓射人先射马，擒贼先擒王，一支群龙无首的军队，奈何怎样挣扎，都免不了被屠杀的结局，魏军八万有余被屠杀，对于秦国来说，这是一次巨大的胜利。

面临这样的情形，魏惠王如何的不情愿，也要犹豫着竖起白旗了。公孙衍除了军事才能佳外，口才还相当了得，凭着他那三寸不烂之舌，威逼兼利诱，迫使魏惠王将河西地区割让给秦国。魏国以整个河西地区为代价，终于换来了一时的安宁。

魏惠王割让河西之地实属无奈,从长远来看,这确实是一步臭棋。河西门户打开,秦国通往中原的道路也就通畅了,秦国以此为基地,在此转运物资,距离觊觎中原的梦想越来越近了。魏国虽然解了燃眉之急,距离亡国之日却是不远了。

公孙衍在短短时间内,取得了秦惠文王的信任,帮助秦国夺取了河西之地。秦国人多少年的梦想,在公孙衍的手中实现了。此时的他可谓是意气风发,气场惊人,秦国内外对公孙衍莫不是刮目相看。但是,这样的成就依然没有满足公孙衍那颗贪婪的心,他想要更多来填充他无尽的贪婪,这些秦惠文王是无法满足的。

有钱能使鬼推磨,这句话并不是对于所有人通用,但是在公孙衍这里是行得通的。就是在割让了河西之地的这一年,魏惠王更加清楚地认识到,与秦国硬碰硬地单打独斗,取胜的可能性是非常渺茫的,非常时期只有采取非常之道。

魏惠王一想到那个本是魏国人的公孙衍满心的怨恨,正是他率领着秦军将自己的家乡陷入血腥之中,魏惠王恨不能杀之而后快,只是苦于鞭长莫及。正当魏惠王一筹莫展之时,魏国中有深知公孙衍品行者进言,公孙衍贪婪爱财,却也是腹有才华,若能够以重金贿赂,收为己用,那可是一举两得之事。

魏惠王一听此言,心想确实有理,便依计而行。公孙衍成功被说动,一来,源于他对财富的无限制追求,二来,人的骨子里一般都有恋乡情结,公孙衍本是魏国人,不管他愿意不愿意承认，在他的潜意识里仍有为魏国效力的热情与愿望。

收下重金，应允了来者，公孙衍虽然身在秦国，心却是又回归了魏国。吃人嘴短，拿人手短，公孙衍既然收了好处，自然要替人办事。这日，公孙衍来见秦惠文王，秦惠文王满脸堆笑，对于这位功臣，他是十分敬重与赏识的，怎奈那公孙衍却已经今非昔比，心中所想只是一己私利，并不以秦国为重了。

公孙衍见了秦惠文王，态度虔诚无比，表现忠诚的戏码还是要演足的，公孙衍以为，现下秦国、魏国交好，不用担心有后顾之忧，可以趁此时机进攻别的国家，若能够得西戎之地便可了却一桩心事。

秦惠文王对公孙衍信任有加，哪里会想到公孙衍包藏祸心，纵使心中隐隐觉得不妥，也没有断然拒绝。一心沉浸在建功立业之中的秦惠文王自然也希望能够扩张领地，对于公孙衍的建议他是心动的，但是，这个时候，有个人站出来，敲醒了头脑发热的秦惠文王，也拆穿了魏惠王与公孙衍的阴谋诡计。

将秦惠文王拉回现实的是何许人也？此人乃是张仪。张仪同公孙衍一样，也是魏国人，与有名的纵横家苏秦师出同门，从师于著名学者鬼谷子。张仪学识不浅，较之苏秦还要略胜一筹，但是张仪的运气不佳，并没有如同苏秦一样迅速成名。

饱读诗书、满腹韬略的张仪完成学业归来，却满是现实的壁垒，因为家境贫穷，更没有结识达官贵人，根本没有办法入仕为官，一展宏图。才华满腹却无处施展，这是众多中国士人的悲哀，然而，人终究需要在乐观中才能看见光明，相信天生我才必有用，才能见到希望。

"天将降大任于斯人也，必先苦其心志，劳其筋骨，饿其体肤，空乏其身，行拂乱其所为，所以动心忍性，曾益其所不能。"抱着这样的想法，张仪见在秦国谋职不成便去了楚国，前去投奔楚相昭阳。

这日，楚相昭阳宴请宾客，张仪也在其中。这昭阳有一国宝，乃是众所周知的"和氏之璧"，这宝贝怎么在楚昭阳手中？原来，楚昭阳领兵获胜，楚威王心花怒放，便将"和氏之璧"赏赐给了他，这是一份巨大的荣幸。

有了这份荣幸，楚昭阳不免要在席间拿出这"和氏之璧"炫耀一番，"和氏之璧"在众宾客手中传来传去，众人皆赞不绝口。怎知，就在这传送的过程中，这"和氏之璧"竟然就不翼而飞了，本是皆大欢喜的宴会，竟然被愤怒、惊恐所取代。

东西丢了，自然掀起了轩然大波，这东西必然会在在座的各位囊中，那么是谁拿了这代表荣誉的"和氏之璧"呢？在没有证据的情况下，众人将怀疑的目光转向了张仪，在座各位中，只有张仪家境最为贫穷，最有可能贪恋这价值不菲的宝贝。在一番威逼利诱之后，张仪仍旧一口咬定没有拿"和氏之璧"。

这张仪也是有骨气之人，本就没拿，自然不肯承认。愤怒的楚昭阳便以大刑伺候，只见那张仪遍体鳞伤，浑身已经没有一块完肤，却是咬紧牙关，愣是不肯屈打成招。楚昭阳见张仪如此决绝，敬重张仪是条好汉，又恐闹出人命，便放了张仪。

张仪回到家中，并没有因为满身的伤痕累累而遭遇好的待遇，家人对他冷眼相看，就连他的妻子也讥笑他，"嘻！子毋读书游说，安得此辱乎？"对于妻子的讥讽，张仪并不在乎，反倒问妻子道，"视吾舌尚在不？"他的妻子一脸苦笑，答："舌在也。"张仪大叹一口气道："足矣。"

这一段话在旁人读来甚是可笑，但是这正表明了张仪对自己的信心，只要有舌头在，天下之大，怎能没有一席之地？事实证明，正如张仪所说，他的成败就在于一口伶牙俐齿，这些都是后话，暂且不提。

张仪在家休整了半年，身上的伤大愈，这半年里，无论家人怎样难听的讥讽，都没有让张仪丧失斗志，一蹶不振下去，相反，这半年成了张仪养精蓄锐的大好时机。

张仪的同门师兄苏秦，此时正值发迹，在赵国颇有威信。苏秦主张合纵抗秦，意图在秦国安插一个内应，知张仪有奇才，便想让张仪入秦，但唯恐张仪不乐意，便安排了一场以张仪为主角的好戏。

这日，一个友人来到张仪家，对张仪道："子始与苏秦善，今秦已当路，子何不往游，以求通子之愿？"穷途末路的张仪找到一根救命稻草，便想拼命抓住，也不迟疑，翌日启程，前往赵国投奔苏秦去了。

只是，张仪来了以后，苏秦不好生接待不说，还将其晾在一边，让其吃仆人吃的饭菜，还百般侮辱。受尽屈辱的张仪的斗志一下子燃烧起来，师出同门，竟然有如此大的差距，张仪怎能甘心？

张仪收拾行囊，再次前往秦国，这一路上竟然有人将其照顾得无微不至，原来，苏秦所为就是要激起张仪的斗志，张仪对苏秦的苦心感激涕零，心中有了报答的决心。

这一次来到秦国，张仪的运气不错，恰逢秦惠文王招纳贤才，张仪便毛遂自荐，在众多贤士之中脱颖而出。秦惠文王拜张仪为客卿，让其参与朝政大事，这对张仪来说是莫大的荣誉，张仪也不失所望，初入秦国，便拆穿了公孙衍进攻西戎的计谋。

张仪认为，秦国与魏国虽然修好，但是果真要寄托于这样的关系必然是要吃大亏的。魏国四面受敌，内忧外患，正是秦国攻打它的好时机。相反，若是向西攻打西戎，魏国稍得喘息，难免会乘人之危，这样的话就是得不偿失了。

听张仪一番高论，秦惠文王如梦初醒，差点酿成大错。此事之后，秦惠文王对张仪更加亲近，而公孙衍则备受冷落，张仪的时代来临了。

一张嘴说动一个国

担任秦国客卿以后，张仪的韬略慢慢展现出来，秦惠文王对他也愈加信任，让其直接参与朝政。此时的张仪却饱受着内心的煎熬，聪明如张仪，自然知道苏秦将自己送来秦国的目的，然而，转念一想便是秦惠文王那满是期待的眼神，这种进退维谷的境地真是让张仪左右为难。

张仪不过是苏秦安插在秦国的一个卧底，苏秦一向主张合纵，联合各国共同对抗不断强大的秦国，将张仪送往秦国是他的一步棋，待张仪取得秦惠文王的信任，便可里应外合，起到事半功倍的效果。

但是，事实证明苏秦的这步棋是一步臭棋，饱受煎熬的张仪必然会选择一条利己的道路。报恩只在一时，不可能一世。苏秦的恩情，张仪只是以暂时不去算计赵国来报答，除此之外，张仪的心思便留在了秦国。

站在张仪的立场，忠诚于秦国是一个不错的选择，毕竟秦国是一个可以施展抱负的大舞台。张仪空有满腹才华，无处发泄，这么一个千载难逢的大好机会，他不会错过，也不能错过。

在这个偌大的舞台上，张仪尽情施展着半生所学，他将从名师鬼谷子那里所学的纵横学，用现实渲染，融入秦国现状，拿出了一个帮助秦国破坏六国合纵的连横战略，这个策略正好是针对苏秦的合纵，真是你有张良计，我有过墙梯，张仪终究是比苏秦技高一筹。

张仪是一匹脱了缰的野马，苏秦已经不能驾驭，当张仪飞黄腾达，眼中只有秦国的时候，苏秦不得不为他当年的这一步棋而后悔莫及，只有空感叹养虎为患了。

苏秦搬起石头砸了自己的脚，有的懊恼了，张仪却已经在秦惠文王给予的平台上施展着自己的才华了。如何破解六国合纵是当前迫在眉睫的难题，张仪也不食言，暂时没有打赵国的主意，毕竟还有苏秦的一份情谊在。

六国同盟形成了一个坚固的链条，要打破这样一个链条，需找到一个薄弱环节，从中将其截断，然后各个击破，张仪把矛头指向了自己的家乡——魏国。一方面，那里经历了一场场的战争，却是无甚成果，此时的魏国兵力大减、士气低落，可谓是内外交困。另一方面，魏国还是秦国的邻国，秦国若是舍近求远，攻打其他国家，恐怕魏国会乘人之危。最后，魏国毕竟是昔日大国，若不趁其虚弱之时给予重挫，恐怕日后留有后患，更难以对付。

种种的局势让张仪把大刀指向了魏国，张仪按照计划一步一步将魏国拉入设置的陷阱之中。这年是周显王四十一年（前328），张仪在做足了准备之后领兵攻打魏国蒲阳，蒲阳被攻下，张仪却做了一个让众人大跌眼镜的决定。

张仪向秦惠文王进言，将蒲阳归还魏国，以此为诱饵，获取更大的利益。这样的决定在当时朝中犹如巨石一般激起了层层波浪，更多的是不解与鄙夷。对于张仪来说，却是毋庸置疑的肯定，张仪有信心凭借他的三寸不烂之舌，定可以捞取更大的利益。

"用人不疑，疑人不用"这话在秦惠文王身上非常恰当，秦惠文王将此事交给张仪全权处理，并不过多干涉。可以想象，秦惠文王的这份信任，只会让张仪更加卖力为其效力。蒲阳归还魏国以后，张仪便进入魏国，要挟更大利益。

魏国战败，魏王正为丧失蒲阳而心痛时，却又听闻秦国将蒲阳归还了。魏王有些丈二和尚摸不着头脑，首先的反应便是惊喜，但是惊喜过后，紧接而来的却是一股不祥的预感。魏国与秦国相邻，素来为土地争得死去活来，两国的战争持续了几代人的历史了，此次，秦国却大发慈悲，将得来的战果返还，必然有着其他意图。

魏王所想很快得到了证实，这日，魏王正在与群臣设宴，却听人来报，张仪带着公子繇来到了秦国，这犹如一声霹雳，正击中了魏王的要害。真是害怕什么就来什么，这张仪此次前来，必然不会有好事。

秦国，大堂上，张仪启奏以公子繇入魏国为质子，张仪本人则担任护送使者，如此一来，入得魏国便可用他那三寸不烂之舌游说魏王。

互换质子，这看似的交好仍然不能掩盖表面之下的尖锐矛盾。而一旦沦为质子的人，便是生死未卜的结局。在古代君主妻妾成群，子孙也是数不胜数，物以稀为贵，这人也同理，儿子一旦多了，也就不是什么宝贝了，所以两国一旦交恶也就不会在乎质子的安危了。

秦国凯旋，却又是赔地又是送质子的，这样的做法对于秦国来说，简直就是天大的屈辱，但是，从张仪的长远之策看来，要放长线钓大鱼就必须是要付出一些代价的。

张仪背负任务而来，自然不肯懈怠，见了魏王一番寒暄过后，便切入正题，张仪滔滔不绝，满口的大道理，却句句沁人心脾，魏王被张仪牵着鼻子走却不自知，一个外交家能有这样的才学必然会在各国中游刃有余。

张仪的自信让魏王不得不正视现实，秦国是一个劲敌，要与秦国对抗不是一朝一夕的事情，而听张仪言下之意乃是两国交好。这对于已经一蹶不振的魏国来说，自然是一件求之不得的好事。魏王不是弱智，秦国能够突发善心，不可能没有来由。魏王心中想着千万般要求，不觉有些失神了。但是，张仪的一句话，魏王可是听得清清楚楚，"秦王之遇魏甚厚，魏不可以无礼"。

张仪这种说法确实有些无赖行径了，说起秦王的礼遇，那自然是将蒲阳归还魏国，但是话又说回来了，这蒲阳本就是魏国所有，秦国领兵攻占别国领地，真是狠狠地打了人家一巴掌，又塞给人家一个甜枣，却反过来又说礼遇甚厚。暂且不论张仪是如何的说辞，作为外交家，张仪是成功的。魏王心动了，背叛六国同盟，加入秦国阵营，这是一个艰难的选择。从大局上看，脱离六国同盟者便是将六国同盟的链条拦腰斩断，这对于其他五国来说是一个重大的打击，但是，魏国毕竟与秦国邻壤，秦国出关，魏国首当其冲，魏王不得不为自己的臣民想一想。

心动的魏王，试探着向张仪询问当如何报答秦王的厚恩。大鱼已经上钩，张仪心中一喜，表面却不露声色，真是狡猾至极。张仪心中早有应对，便娓娓道来，秦王喜好土地，投其所好，给予一部分土地，秦王定然会喜不胜收，日后，合力征讨其他诸侯国，魏国的好处自然更是少不了。

魏王心中七上八下，对于土地他同样也是吝啬的，但是若真能如张仪所说，与强秦结好，共夺其他诸侯国的土地，那时候所得的土地，恐怕是难以丈量了。况且，此时若不应允了张仪，秦国一怒而天下撼，后果更为严重。

这样想着，魏王心中便释然了许多，慷慨地将上郡与少梁两地献给了秦国。皆大欢喜，张仪乐呵呵地回到秦国，一笔更大的荣誉正等着他。

魏国献上郡与少梁的消息传到秦国,秦惠文王惊喜万分,张仪这一张嘴真可谓是可敌几万兵,秦惠文王对张仪更加赏识了。张仪从魏国归来,秦惠文王亲自迎接,并将其提拔为丞相,这可是莫大的荣誉。秦国丞相之位一直空缺,秦惠文王今日破天荒将张仪推到这样的位置上,真是令张仪受宠若惊。

张仪从一个穷困潦倒的小人物,一举成为秦国万人之上一人之下的丞相,这样的信任,给了张仪信心,让他在秦国霸业的道路上越走越远。

谗言一捅就破

张仪是一个集智慧于一身的人,见得圣君便被重用,满腹的才学得到了充分发挥。在张仪入魏不费一兵一卒,仅仅靠一口伶牙俐齿便将上郡与少梁拿下之后,秦惠文王便将其晋升为丞相。这丞相之职可谓是德高望重,秦国不设丞相久矣,张仪能荣登此位真是受宠若惊。

这张仪也是一个知恩图报的人,尽心尽力为秦国效忠,却也没有打赵国的算盘,如此一来,苏秦的知遇之恩也算报了,朋友的情谊一刀两断,至于苏秦就把他搁置一边,至此,没有恩情可言,从此便是敌人。通观以上描述,我们对张仪是充满好感的,但是,人无完人,金无足赤,张仪非圣贤,怎么会没有私欲,我们就看看张仪,这个聪明绝顶的人是如何耍坏而又搬起石头砸了自己的脚的。

张仪入秦之时,有一个人慕秦惠文王之名而来,此人乃是陈轸。陈轸同张仪一样，腹有才华，更懂得运筹帷幄之术，这二人初入秦国，均得到了秦王的赏识，秦惠文王将他们一视同仁，收为己用。

一山不容二虎这话说得一点不错，张仪、陈轸这二人，平日里和和气气，暗中却已经较上了劲。这二人均想专宠于秦惠文王，便采取各种手段在秦王面前各显神通，当然这种正面的较劲对于秦王来说是个好事情，问题是，这二人在背地里也搞小动作诋毁对方，这种不齿的行径只能靠秦王擦亮慧眼，一看究竟了。这不，张仪、陈轸二人又起了争端，张仪耐性不足，憋不住气，首先使出了阴招。论才干这二人不相上下，皆得秦惠文王重用，张仪是从一个穷小子一步一步爬上来的，自然更懂得珍惜眼前荣华的来之不易，唯恐日子一长，秦惠文王会冷落了自己。有陈轸在，张仪战战兢兢，不得安宁，要想个办法保住自己的地位。

这日，秦惠文王独留张仪论事，张仪认为时机到了，正事讨论完毕，张仪转身要走，又像想起了什么事情似的，转身悄然对秦惠文王道，"轸重币轻使秦楚之间，将为国交也。今楚不加善于秦而善轸者，轸自为厚而为王薄也。且轸欲去秦而之楚，王胡不听乎？"

张仪这话的意思是：陈轸带着重金游走于秦国、楚国之间，表面上是为秦国办事，但是却没有任何成效，楚国待秦国并没有越来越好，反而越来越差。楚国对陈轸个人倒是礼遇有嘉。

由此不难发现,陈轸的所作所为只是打着为秦国谋略的幌子为自己谋福利。

秦惠王一听这话,脸有疑色,陈轸一向忠诚,怎么会做出苟且之事?秦惠文王心里有面镜子,明亮得很,对张仪所说,并不全信。张仪见此,知道秦惠文王心有疑惑,便在旁煽风点火道:"陈轸为王臣,常以国情输楚。仪不能与从事,愿王逐之。即复之楚,愿王杀之。"

一边是陈轸泄露国家情报,一边是张仪以此相威胁,秦惠文王感觉事态严重,必须一查究竟。秦惠文王让张仪暂避,命人将陈轸唤来,一问究竟。

陈轸匆匆赶来,见秦惠文王脸色不对,深吸一口气,准备迎接暴风雨的来临。君臣二人也不寒暄,秦惠文王张口便道:"吾能听子言,子欲何之?请为子约车。"陈轸听秦惠文王这样一说,一头雾水,一国国君竟然要为臣子备车,再加上秦惠文王说话的语气,更让陈轸觉得此事非同小可。

秦惠文王一言,便让陈轸意识到事态严重,关乎甚大,不可大意。陈轸云里雾里全然不知秦惠文王所指何事,便一头愣在那里,半晌不说话,秦惠文王心急,便又道:"吾闻子欲去秦之楚,有之乎?"听秦惠文王这样一说,事情就像是捅破了的窗户纸,明了起来。

原来是这样,陈轸暗中叹了一口气,表面仍不露声色,心中知道这是张仪惹出来的事端,思绪快速转动,片刻脑海中已经有了完美的应对之策。兵来将挡，水来土掩，你张仪有什么阴谋诡计就尽管使出来，陈轸这样想着，心中已经下了决心要与张仪一较高下。

片刻之后，陈轸已经镇定自如，直视着秦王，非常坚定地回答，"然"。这一个字从陈轸的口中吐出，犹如下了非常大的决心。秦惠文王半晌不说话，但是可以看得出来，他心中的怒火已经燃起，快要压抑不住，他无法接受一个让他如此信任的人会背叛他这样的事实。

原来，张仪所说不假，秦惠文王大叹一口气，满是失落。待秦惠文王平复了情绪，君臣二人便有了如下的一段精彩的对话：

秦惠文王道："仪之言果信矣。""仪以子为之楚，吾又自知子之楚。子非楚，且安之也！"

陈轸答曰："非独仪知之也，行道之士尽知之矣。""昔子胥忠于其君而天下争以为臣，曾参孝于其亲而天下原以为子。"

陈轸能说出这样的大道理却仍旧做出背叛这样大逆不道之事，更让秦惠文王费解。陈轸看出了秦王的不解，不等秦惠文王问及，便接着娓娓道来："臣出，必故之楚，以顺王与仪之策，而明臣之楚与不也。楚人有两妻者，人其长者，长者詈之；其少者，少者许之。居无几何，有两妻者死。客谓者曰：'汝取长者乎？少者乎？'曰：'取长者。'客曰：'长者詈汝，少者和汝，汝何为取长者？'曰：'居彼人之所，则欲其许我也；今为我妻，

173

则欲其为我訾人也。'今楚王明主也,而昭阳贤相也。轸为人臣,而常以国输楚王,王必不留臣,昭阳将不与臣从事矣。以此明臣之楚与不。"

如果伍子胥与曾子的故事仍旧不能表达陈轸的意思,那么接下来他举的一个浅显的例子,足以证明陈轸的忠诚。故事的梗概是这样的,话说有一个楚国人,有两个妾,长得不是倾国倾城,却也是闭月羞花,引无数英雄竞折腰。有一人抵挡不住美貌的诱惑,便设法去勾引。

这个偷情者首先把黑手伸向了楚人年纪大一点的妾,结果被臭骂一顿,偷情者灰溜溜地逃走了。一次不成再来一次,这个偷情者非常有不成功便成仁的意志。这次,偷情者将目标转向了年纪小一点的妾,结果却是出人意料地得手了。

没多久,楚人死了,他的两个妾成了寡妇。这个时候,就有人问这个偷情者,若是要你娶这两个妾中的一个,你会娶谁呢?偷情者不假思索,当然是年纪大一些的。这样的答案出人意料却又在情理之中。道理很简单,一个人不能忠于自己的丈夫,怎么又能够指望她忠于别人呢?

同理,陈轸若真是向楚国泄露秦国情报,楚国自然也不会相信陈轸能够忠于楚国,这就像狼来了里面的孩子一样,一个人一旦有了前科,就不能不让人怀疑,当他说的话真假难辨的时候,人们更多的时候是选择不信任。

话说到这样的分上,不需要再多言,秦惠文王已经明白陈轸所讲，误会解除，刚才的阴霾一扫而光，君臣二人相谈甚欢，秦惠文王对陈轸更加信任。陈轸与张仪的恩怨仍旧没有化解，但是，这二人对秦国的忠诚天地可鉴，撇开个人恩怨，他们的目标是一致的，那就是致力于秦国的强大。张仪最终被任命为丞相，得到了重用，而陈轸也不甘于后，出谋划策，运筹帷幄不输于张仪，这二人在秦国的崛起过程中起着不容忽视的作用。

公孙衍的合纵

张仪屡立大功，成为秦惠文王的新宠，可谓是春风得意，但是有人欢喜有人忧，秦惠文王只见新人笑，不见旧人哭。那曾风光一时的公孙衍颇有谋略，却因心术不正而备受冷落。为一时的贪念，昔日荣华富贵不再，沦落到坐冷板凳的田地。

公孙衍是天生不能安于寂寞的人，光鲜地站在舞台上是他的毕生追求，只要能够尽情演绎他的人生，公孙衍从来都不会在乎这个舞台是谁提供与给予的。

不甘于幕后的公孙衍毫不留恋地离开了，毕竟这里的舞台他已经唱不了主角，另外还要背负骂名。公孙衍本是魏人，在秦国做事，后得魏王赏识，被魏人以重金收买，做出了出卖秦国的事情。没有出路的公孙衍便去了魏国，意图在魏国大展宏图。

公孙衍来到魏国，魏惠王便任其为相，被秦人冷落的公孙衍受到如此礼遇，冰冷的心顿时温暖起来，必然尽其所能，使出看家本事做出一点业绩来。确实如此，公孙衍以他对各国形势的认识与了解，很快便提出了合纵的外交战略，这一战略把矛头指向了秦国。

合纵确实是针对形势的一步高棋，若是没有张仪的连横，公孙衍以一合纵计谋定天下那也未可知。然一物克一物，历史就是在这样的阴阳相克的规律中前进。公孙衍的合纵遭遇了张仪的连横，就像是无所不能吞噬的大火，遭遇了倾盆大雨，便失去了功效，我们且看这一对冤家是如何以各国为棋局来一战高低的。

张仪登上万人之上一人之下的丞相之位，成为万人瞩目的超级明星以后，便积极为连横而奔波。张仪的首要目标便是魏国，魏国是秦国出关的第一道障碍，必须要搬掉这块绊脚石，以后一统天下的路途才会更加平坦。

身为魏人的张仪并不念及私情，举起了砍向魏国的大刀，形势不断变化，各国矛盾重重，复杂多变，谁也不是谁永久的朋友与敌人，昔日的朋友可能成为今日的敌人，而今日敌人又有可能幻化成为日后的朋友。其中变化，皆"利益"二字使然，游刃于利益变化之中，顺应时势者方得天下。

张仪无疑是一个很好的利益操控者，恰到好处地利用各国的矛盾与利益，将各个诸侯国分批击破。自从担任丞相之职以后，他的连横政策就有条不紊地进行着。而与此同时，公孙衍也在为他的合纵尽心尽力。

话说这个时期的魏国,已经今非昔比,在屡战屡败之后,士气低落,到了再而衰,三而竭的地步。对外大片国土重镇被迫割让给秦国,使得秦国打开了入主中原的门户,魏国少了东部屏障也将赤裸裸地面对秦国。与此同时,魏国的国内政局也极为不稳定,可以说公孙衍来到魏国以后,见到的是一个内忧外患,千疮百孔的局面。面对这样一种国力衰竭的境况,要想单打独斗,独自与逐步崛起的强秦相抗争,那真是难于上青天。

鉴于此,公孙衍试图拉拢别国,共同对抗秦国。秦国入主中原,横扫六国,一统天下的野心已经初露端倪,对于其他的诸侯国来说,但凡眼光长远者,必然会懂得团结自保的道理。道理很简单,做起来却没有那么容易,公孙衍的合纵之路走得异常艰难。

秦惠文王十三年(前325),公孙衍入齐国,见得齐国大将田盼,向田盼推广他的合纵政策。这田盼能得公孙衍重视,必然不是普通人物,那么他到底是何许人也?田盼,人称盼子,说起田盼,那可是让齐国人竖起大拇指的人物。继孙膑、田忌以后,田盼成为齐国的顶梁柱人物,在齐国能够独当一面,齐威王曾不无自豪地对魏惠王道,"吾臣有盼子者,使守高唐,则赵人不敢东渔於河"。在今高唐县固河镇村西有一古墓被列为县级重点文物保护单位,就是所谓的盼子墓。

回到我们的主题上来,我们前面讲到公孙衍来到魏国以后,实施他的合纵政策的第一步便是拉拢齐国名将田盼，田盼也是一个有远见的人，二人相见恨晚，一拍即合，当即决定共同攻打赵国，史书记载，"犀首、田盼欲得齐、魏之兵以伐赵"。

但是，愿望是美好的，美好的愿望成为现实还需要一个艰难的过程。这二人虽然身处万人之上，但毕竟还有更大的主子罩着，出兵与否也不是他们能够拍板钉钉的。

公孙衍知田盼为难，便又道："请国出五万人，不过五月而赵破。"五万兵力就要破赵，田盼听着有点不靠谱，公孙衍说得却是简单轻松而又信誓旦旦。田盼有些迟疑，事情恐怕没有公孙衍说得那么容易，这公孙衍能否靠得住，思及此，田盼的眉头越皱越紧了。

公孙衍眼看着田盼表情变幻莫测，已经明了田盼心中的顾虑，走至田盼身侧，一番低声窃语。如此这般一番，田盼恍然大悟，只是点头称是，片刻工夫，便额头舒展，喜上眉梢了。

原来，公孙衍早就有了细致缜密的打算，攻打赵国当然不是一件容易的事情，岂是靠五万兵力一朝一夕就能够攻下来的？但是，若是当真将这些实情告予国君，国君掂量轻重恐怕会有畏惧而不敢出兵。若当真如此，他们的计谋便不能得逞，只能付诸东流了。

公孙衍的目的是让魏国、齐国的国君出兵，为了达成这样一个目标，他们必须将事情说得轻巧简单。一旦出兵，就如同泼出去的水，射出去的箭，再也收不住了，而这个时候在战场上出现了危情，国君就不得不再次出兵援助。

公孙衍与田盼商讨一番，便各自劝谏国君出兵攻打赵国去了，诚如他们所料想的那样，两国国君见形势如此乐观，便应允了出兵之事。如此一来，两国国君便走入了公孙衍、田盼二人设好的一个不得已的圈套之中。

两国国君出兵以后，形势并非如同他们听到的那样，但是，继续增兵支援是他们唯一的选择。齐、魏两国联军兵分两路，左右包抄，战争形势迅速好转，赵将韩举被田盼生擒，平邑、新城迅速被占领，而公孙衍一路也是长驱直入，势如破竹，赵国大将赵护成为俘虏。

联军凯旋，一场漂亮的大战让两国国君忘却了公孙衍、田盼谎报军情的事实，公孙衍的合纵政策取得了初步成功。好的开始是成功的一半，公孙衍干劲十足，立即着手准备下一轮的合纵，他的下一个目标是把楚国拉入到一个阵营中来，却不料半路杀出了个程咬金，事情更加曲折了。

公孙衍的合纵政策初战告捷，这引起了秦国的高度警惕，张仪的敏锐度尤为高，齐国、楚国、魏国三国一旦联合，对秦国的威胁那是不可估量的，张仪是绝对不允许这样的事情发生的，那只有先下手为强了。

张仪是纯粹的实干家，他一边命使臣前往齐国、楚国拉拢齐、楚两国，一边又亲自领兵攻打魏国。秦国使臣到了齐、楚，会见了两国的大臣，利诱兼威逼，迫使两国断绝与魏国的友好关系，转而亲近秦国。在军事上，魏国节节败退，无奈之下，也不得不向秦国靠拢。

公孙衍联合齐国、楚国的计划失败了，但是，合纵依然是大势所趋，公孙衍在一次失败之后，并没有气馁，反倒是再接再厉，发起了历史上著名的"五国相王"事件。

见证奇迹的时刻

在周王朝一代,"王"是一个至高无上的尊称,普天之下能够称之为"王"者不过是周天子一人而已,但是随着周天子势力的衰弱,"王"这一称号不再是周天子的专属,各国诸侯纷纷冠以这样的称号来提高自身的地位。到了战国中期,能称王者不在少数。这一时期就发生了著名的魏、韩、赵、燕、中山共同称王的事件,史称"五国相王"。

"五国相王"的事情还要从公孙衍的合纵政策说起,话说魏国公孙衍联合齐国田朌共同导出了一场攻打赵国的计谋,结果赵国大将被俘,联军大获全胜,得地无数,这一事件是公孙衍合纵的首功。

齐国、魏国联合是一个美好的开始,除了军事上的通力合作外,两国的领导人物还多次会晤,在政治上保持一致。魏国内部主张联合齐国实施合纵战略的大有人在。宰相惠施便是其一，在惠施等人的撮合与陪同下，魏惠王与齐威王互称为王，魏王还派人将太子送到齐国以为人质。种种形式都在表明，齐国与魏国的结盟是充满诚意与决心的。

在齐国、魏国结盟的同时，公孙衍还试图将楚国拉入到他们的阵营之中，但是，让人感慨的是，这一系列的活动均因为张仪的掺和而功亏一篑。

秦国见齐国、楚国活动频繁甚是不安，以张仪为首的连横派便采取了一系列的军事、外交活动。张仪亲自领兵攻打魏国，夺取魏国领地，作为入主中原的基地，与此同时，张仪又命人与齐国、楚国政要相会于啮桑，利诱威逼兼施，最终迫使齐国、楚国两国与魏国疏远。

公孙衍一计不成，再生一计，就在秦国与齐国、楚国相会之时，公孙衍预料到与齐国的同盟最终会因为秦国的插足而瓦解，公孙衍便开始寻找新的盟友，就像我们在前面提到的，没有永远的朋友，也没有永远的敌人，只有永远的利益。公孙衍将目标转向了燕国、赵国、韩国、中山，这四国均实力有限，在战国这样的乱世中，单枪匹马不能自保，难保有朝一日不被强国吞并。

燕国、赵国、韩国、中山四国对当前形势的认识非常明了，只有广结大国，才能与强国相抗衡。燕国多次遭齐国欺侮，秦惠文王十一年（前327），齐国派兵讨伐燕国，幸得魏、赵、韩联合相救才免除了被困的境地。而赵国素来与齐国相好，因为此战两国的联合关系遭到破坏。韩国、中山实力较弱，一直都在寻找能够好乘凉的大树作为倚靠。

公孙衍将五国联盟之事一提，便得到了各国的纷纷响应，赵国一马当先，向魏国回以友好的表示，当年魏国联合齐国一同将赵国打得损兵折将，还占领了赵国的领地，这份仇怨，赵国不知还记得否？能够让赵国舍弃前嫌，加入到五国阵营之中，我们不得不佩服公孙衍的能耐，不过话又说回来，所谓识时务者为俊杰，赵国要在乱世中立足，总要有得有舍方可。

秦惠文王十五年（前323），公孙衍主导发起相王，魏国、韩国、赵国、燕国、中山五国集会，互相承认为王。其实，在两年之前，魏国、齐国已经互为称王，而就在这一年，秦国也称王，也恰是在这一年，魏惠王尊称韩威侯为王，以此来作为拉拢韩国的一个手段。所以，对于这次聚会来说，主要的任务就是尊赵、燕、中山三国诸侯为王，从此平起平坐，互相拉拢，这样就形成了以魏国为首的统一战线。至此，战国诸雄皆称王，周天子已经名存实亡，沦为彻底的摆设。

"五国相王"是公孙衍合纵战略的又一成功案例，五国联盟以后，令各大国甚是不安，秦国、齐国、楚国皆纷纷站出来反对，使尽浑身解数来拆散这一同盟。

齐国首先发出了反对的声音，齐国反对"五国相王"的理由是中山资格不足，尚不配称王，"我万乘之国也，中山千乘之国也，何名于我？"这个时期，称王虽然已然成为一种风气，但"王"这一称号毕竟还保留着它的神圣不可侵犯性。

齐国再怎么也是风光一时的大国，此时却沦为与中山国同等级的地位，这份屈辱让齐威王难以咽下。细究之下，我们不难发现，这一理由并不值得齐国如此大动肝火，毕竟这只是关乎面子的问题，不痛不痒。

其实，齐国反对"五国相王"更深一层的原因乃是源于齐国本是魏国同盟，后来因为张仪的插足而叛齐魏同盟，齐国害怕五国结盟后，魏国会以此来公报私仇，以同盟的力量来对付它，所以，齐国要想尽办法极力破坏五国同盟。

在反对中山称王的同时，齐国还试图以割地的形式来拉拢燕国、赵国，企图与燕、赵联合，共同攻打中山国。但燕、赵洞悉了齐国分裂五国联盟的阴谋，不为利益所动，并没有接受齐国伸出来的橄榄枝。

燕国、赵国的做法与其说是讲义气的行为不如说是有远见的做法，因为从长远来看，一旦它们接受了眼前的小利益，背叛了同盟，转而攻打中山，那么中山的结局就是它们的下场，唇亡齿寒的道理它们是懂得的。

齐国的计谋没有得逞，便用关闭与中山往来的通道相要挟，中山毕竟是一个小国，商旅往来多有借道齐国之处，齐国如此做法令中山王甚为不安。中山王连忙命重臣张登带着重礼去拜访齐国权臣田婴。

这张登是个能言善辩之人，一番说辞，将田婴哄得心花怒放。田婴便去面见齐威王，要求允许中山称王。其实，田婴也不是三言两语就能够哄骗之人，他的考虑是此时送给中山国一份恩情，中山国必定会与齐国亲近，他日若是能借中山的军队攻打魏国那就成了易事。齐威王听了田婴所说，认为田婴言之有理，便应允了中山王称王之事。

齐国阻挠"五国相王"的努力没有成功，灰溜溜地退下，这让楚国非常鄙视。齐国走了，楚国举着大刀出马了，楚国出马，非同小可，眼见楚国大将昭阳领兵直奔魏国，魏国未战先就胆战心惊了。

大将昭阳是何许人也？竟令魏人如此害怕。昭阳，名云，是楚昭王的后裔，任职上柱国，这个职位是楚国的最高武官。昭阳在楚国是名号响当当的人物，也就是在几年前，他领兵攻打越国，俘获了越国国君，并将越国大片领土并入楚国，此事威震神州大地，昭阳的威名也远扬各地。

楚国攻打魏国，令魏国十分不安，毕竟此时的魏国千疮百孔，还没有从失败的阴霾中恢复过来，但是考虑到"五国相王"的成功，魏国满怀期待他国的相助。但是，实际上，魏国虽然拉拢了燕国、赵国、韩国、中山四国，但是在对抗齐国、秦国、楚国三个大国的过程中，魏国的实力并没有太大的增强。

一方面，五国同盟初具雏形，还未得到巩固，另一方面，四国国力较弱，而各国之间依然存在着重重矛盾，谁也不愿意为了谁做出过多的牺牲。在这种背景之下，楚昭阳气势汹汹地领兵而来，结局可以想象，魏国损兵折将，败得一塌糊涂。楚军在楚昭阳的领导下披荆斩棘，势如破竹，连破八座城池而归。

军事上的失败，让为合纵而做的努力成了泡沫，而公孙衍本人也被弃之一边，再次坐上了冷板凳。

陈轸不辱使命

话说楚昭阳在经历了襄陵之战后那是相当威风，本是国家军队最高统帅的他被晋升为令尹一职。令尹在楚国可谓是一人之下万人之上，而且，楚国的令尹就如同国家元首一样，仅此一位，这样的荣耀对于任何人来说，都是无上的骄傲与自豪。

昭阳在连破魏国八座城池以后，准备一鼓作气，乘胜攻打齐国，这一消息对于齐国来说，无异于晴天霹雳，在反对魏国主办的"五国相王"的时候，齐国、楚国尚且处于同一个阵营，这魏国的锐气刚刚被挫败，楚国就将矛头指向了齐国，其中变化让齐威王有些难以适应。

乱世之中，形势瞬息万变，齐威王对这话真是有了深刻的体会。楚国实力强大，硬碰硬的战争难以取得胜利，对于如何应战齐威王一时没主意。也正是在齐威王六神无主的时候，秦国谋士陈轸出现了。

陈轸就是我们前面提到的智破张仪谗言的谋士,他素来与齐国亲近,又得齐威王信任,便毛遂自荐,愿意充任齐国使臣面见昭阳,劝其退兵。在多次接触后,齐威王知道陈轸有些能耐,此刻听陈轸要孤身一人前去劝昭阳退兵,却也不禁半信半疑。但是,在这个节骨眼上,尝试一下,总比干着急有用,只能死马当活马医了。

陈轸在得到齐威王应允后,便孤身前去楚国军营,面见昭阳。陈轸毫不客气,在恭贺楚军取得胜利的一番寒暄过后,便直奔正事,只是,让人疑惑的是陈轸扯的却是关乎楚国法令的事情。

"楚之法,覆军杀将,其官爵何也?"按照楚国的律例,对于破敌杀将的将领会给予什么样的官职呢?陈轸突然问出这样的话,令昭阳有些出其不意,对陈轸突然有了兴致。

"官为上柱国,爵为上执圭。"授予上柱国的官职,封赐执圭爵位(执圭,春秋战国时期楚国的爵名,是楚国最高的爵位。圭是一种玉版,因为卿大夫在举行典礼时要手执圭,所以称之为执圭),陈轸卖关子,昭阳却是个武人,直截了当地回答了陈轸。

"异贵于此者何也?"对于昭阳的回答,这并不是陈轸想要的答案,于是,接着又有了第二问。

"唯令尹耳。"只有令尹是最高官职了。在楚国上柱国是最高武官,而令尹则是掌管军政大权的最高长官。陈轸所要呼之而出，他所说也渐入正题。

"令尹贵矣！王非置两令尹也，臣窃为公譬可也。楚有祠者，赐其舍人卮酒。舍人相谓曰：'数人饮之不足，一人饮之有余。请画地为蛇，先成者饮酒。'一人蛇先成，引酒且饮之，乃左手持卮，右手画蛇，曰：'吾能为之足。'未成，人之蛇成，夺其卮曰：'蛇固无足，子安能为之足。'遂饮其酒。为蛇足者，终亡其酒。今君相楚而攻魏，破军杀将得八城，又移兵，欲攻齐，齐畏公甚，公以是为名居足矣，官之上非可重也。战无不胜而不知止者，身且死，爵且后归，犹为蛇足也。"

昭阳思忖片刻，已经明白了陈轸所说。令尹之职确实已经是楚国最高官职了，而楚国也不会设置两个令尹，现如今昭阳已经得令尹之职，达到事业的巅峰，根本就没有晋升的余地了。陈轸所说不假，昭阳点头称是，接着，陈轸便列举了画蛇添足的例子，令昭阳一时没了主见。

画蛇添足的例子我们都听说过，此处，陈轸将昭阳攻打齐国比作画蛇添足，这样的说法虽然令昭阳不悦，但细细想来，确实有几分道理。从昭阳个人前途来说，他的功劳，可以说是楚国尽人皆知，名声威望均具备，而爵位也达到高峰，就算是取得再大的胜利也不会有晋升的机会。

尽管昭阳智勇，但是攻打齐国并没有完全的胜算，一旦失利，要么战死，要么接受国人的指责，还有被降职的危险。所以，对于昭阳来说，攻打齐国不论胜负，所得均不划算，这笔账，陈轸给昭阳算得十分清晰准确，由此得出结论，攻打齐国完全是一种画蛇添足的行为，如此一来，还为什么要做那损兵折将的苦差呢，不若回家休息划得来。

"画蛇添足"是一个生动形象的例子，昭阳完全掉进了陈轸的思路里面，顺着陈轸的指引，昭阳思量再三，得出结论，攻打齐国确实是一个得不偿失的举动。反过来，若是此时退兵，还能送给齐国一份恩情，这样何乐而不为呢？这样想着，昭阳的脸上也露出了平和之色。陈轸步步紧逼，处处察言观色，在昭阳的脸上看到了胜利的希望。

昭阳在营帐内踱来踱去，对于一个忠心耿耿的将领来说，领兵打仗然后得胜而归，这是无上的光荣，也是生命的价值所在。而此刻，昭阳却要做出一个艰难的抉择，是乘胜再战还是打道回府？

陈轸满怀信心地离开了，诚如他所预料的，昭阳退兵了，"画蛇添足"这个故事的说服力是难以抗拒的。陈轸仅仅凭借一个"画蛇添足"的故事就让楚国退兵，解除了齐威王的心头大患，真是巧舌能抵千军万马，陈轸非凡的智慧不禁让我们竖起大拇指。

今天，我们再读陈轸与昭阳这段对话的时候，不禁会有更深一层次的考虑，我们更多地会疑惑，昭阳攻打齐国果真是"画蛇添足"之举吗？陈轸这个"画蛇添足"的说服力真的就无懈可击吗？

陈轸的成功在于抓住了个人利益得失这一问题的关键，战，不但不会增加个人利益，反而有可能损害个人利益，而不战，则绝无损害，这样的选择题，多数人会选择一个保守的答案。

但是，站在一个更高的高度上，若是将国家利益融入其中，在这一前提下，这个问题的答案又有了差异，战了，才有胜利的机会，而不战绝无可能。有一个小故事是这样讲的，一个人屡次虔诚无比地请求上天能够让他中一次彩票，他的虔诚令上天动容，但是，上天却无法满足他的愿望，因为这个人从来就没有买过彩票，一次都没有。

在国家利益得到保障之下，个人利益才得长存，试想，有一天楚国灭亡了，还何谈个人爵位？所以从长远利益来讲，陈轸的说法是站不住脚的。

另一方面，胜败乃兵家常事，没有永远的常胜将军，带兵打仗之人，自然懂得这样的道理。昭阳久经沙场，必然也有战败之时，战场上，不可能因为存在着失败的这一结局而畏惧不前。

当然，站在陈轸的立场上，他这一"画蛇添足"的比喻是成功的，重要的是他的目的达到了。陈轸成功的关键在于他能抓住昭阳的致命弱点，然后围绕这一点慢慢引导昭阳走入他的思路，步步为营。这样的素质是一个成功的谈判家需要具备的，陈轸无疑是一个智慧非凡的外交家。

当魏相是个阴谋

在各大国的共同干涉之下,"五国相王"最终形同虚设,以失败告终,公孙衍的合纵政策挫折重重,前途一片晦暗。眼见如此,魏惠王对公孙衍也渐渐失去了耐心,起初的那份坚定与信任完全变了模样,公孙衍的梦想之路越来越艰难。

与楚国一役,让魏国痛失八个城邑,魏惠王的斗志一点点被磨灭,接下来将何去何从这是一个值得深思的问题。本是指望公孙衍干出个模样来,却终究一无所得,还落得一个兵败的下场,这样的残局应该如何收拾,这让魏惠王头痛不已,不过魏惠王没有头痛多久就一命呜呼,入阴间享福去了。

继魏惠王之后即位的是其子魏襄王,魏襄王是魏国的第四代国君。魏襄王接手的是一个一蹶不振、千疮百孔的魏国,面临这样一个烂摊子,魏襄王同样理不出头绪,只能得过且过,走一步算一步了。

魏惠王十三年(前322)的春天,在秦国如日中天的张仪突然被免去了丞相的职位,就在众人感叹,真是伴君如伴虎,一朝欢喜一朝忧的时候,张仪起程回到了魏国,并且面见了魏惠王,转眼之间成了魏国的丞相,其中速度真是令人吃惊,我们不得不佩服张仪的能耐。

其实,事情的发展远不是众人看到的模样,但凡有些智慧的人,不免会有疑问,张仪对秦国忠心耿耿,他的连横政策与公孙衍的合纵相生相克,也起到了立竿见影的成效,对于有功之臣,秦惠文王不可能赏罚不明,反倒以怨报恩,其中必然有些猫腻。

本是魏人的张仪,曾经踏破铁鞋,都未能入围魏国的政治中心,而今却破天荒被授予了丞相之职,其中巨大变化,恐怕不是因为张仪的个人影响力使然。

秦国对外宣称免去了张仪的丞相之职,但是,内幕并不像表面这般简单,张仪虽然入魏,实则掌握两国相权,其目的不过是暗中为秦国服务,推行他的连横政策。魏国与秦国接壤,作为合纵政策的主要倡导者,也是合纵环节上的薄弱环节,若是能将魏国拿下,合纵就不攻自破,秦国距离统一大业也就越来越近了。

其实在拉拢魏国的道路上,张仪的政策是软硬兼施,毕竟,倚靠蛮力的损失是不可避免的,但是,必要的军事进攻又是不可或缺的。

在张仪入魏为相之前,秦国主要采取的是强硬的军事战略,张仪曾领兵猛烈攻打魏国,黄河以西地区已经没有了魏国势力,秦国占据黄河天险,可攻可守,对魏国是一个巨大的威胁。一旦打开入主中原的通道,秦国就如虎添翼,更加难以抵御。

军事上的惨败,让魏国丧失了战胜秦国的信心,就在这个时候,张仪非常适时地送上了橄榄枝。作为秦国的忠实者,张仪入魏国为丞相,魏襄王不敢懈怠,尽管他知道张仪的目的是为秦国谋取利益。

魏惠王十二年(前323),在魏国被楚国打得毫无招架之力而又与齐国、秦国关系紧张之时,张仪站了出来,将齐国、楚国与魏国的执政大臣齐集挈桑,商讨为魏国调停之事。张仪的这种行为目的非常明确,讨好魏国,拉拢魏国,让魏国向秦国倾倒,一旦有了魏国这个拥护者,秦国的大国道路就容易多了。

入秦国之前,张仪已经预料到事情并不顺利,首先,他的两大政敌并不好对付。张仪主张连横,公孙衍主张合纵,这二人的敌对关系不言而喻,而魏国的当权者惠施也是合纵的忠实拥护者。张仪一入魏国,便与这二人较起了劲。

公孙衍与惠施这二人地位显赫,威信也不低,再者,他们能够爬到这样的位置,也不是普通之辈,所以要扳倒他们,恐怕不是一件容易的事情。在魏国,张仪处于一个你死我活的战场中,在这场没有硝烟的战争中,费尽心思地斗智斗勇是胜利的法宝。

魏国境内，连横派与合纵派明争暗斗之时，魏惠王一命呜呼，新君登位，这对于公孙衍与惠施来说，不是一件好事，对于这位新君，他们无法捉摸他的心思，与新君之间的信任也微不足道。更不利的是，公孙衍与惠施的合纵并没有有效地解决魏国面临的难题，更多的却是一次一次的碰壁与失败。

新君魏襄王即位以后，张仪急忙施展神通，获取魏襄王的信任。"魏国即将四分五裂。"面见魏襄王，张仪便抛出了这句毫无头绪、一点都不动听的话。初听这句话，魏襄王的脸片刻之间就变了颜色，一个完整的诸侯国在自己的手上变得四分五裂，这是多大的耻辱，死后如何见列祖列宗，任是哪一个国君也不愿意背负这样的恶名。

见魏襄王脸色大变，张仪仍旧一副泰然的样子，不得不让看官为他捏了一把汗，自古因为一句话而惹来杀身之祸的不在少数，这生死攸关的大事，张仪怎会如此口无遮？但是，聪慧如张仪，自然不会将自己置于危险境地，张仪此话必然有他的深意。

生气归生气，魏襄王仍旧保持着作为一个君王的风度，平静一下心情，魏襄王说出了心中的疑惑。张仪的目的就在于此，他的每一句话，都指引着听者顺着他的思路前行，然后跳入他设好的圈套中而不自知。

张仪不紧不慢，徐徐道来："魏地方不至千里，卒不过三十万。"张仪此话属实，不容魏襄王辩护。魏国在经历了多次战败以后，在黄河以西的战略要地统统丧失，而最近与楚国的战争又丧失了八个城邑。说到兵力那更不能够保障，区区三十万兵力，这样的阵容是无法与强国相抗衡的。

见魏襄王不语，张仪知道说到了魏襄王的痛处，这正是张仪想要的。这样的痛楚还不够，要刺激魏襄王认清形势，还必须要再加把火力，张仪接着煽风："地四平，诸侯四通辐辏，无名山大川之限。从郑至梁二百余里，车驰人走，不待力而至。"

这话主要讲魏国的地理条件不利，意思是，魏国地势平坦，没有山川做防御，四面八方的诸侯国均可以从各处攻来而不受阻挡，这样的地理条件难守难攻，稍有懈怠，便可落得四分五裂的下场。

张仪不停罗列事实，却也不全是危言耸听，魏襄王越听张仪说下去越觉得张仪所说是事实，更觉丝丝凉意从心头涌上，不禁打了个寒战，魏国所处境况实在是不尽如人意，魏国以后的道路越来越艰难，魏襄王感觉身上的担子顷刻间重了许多。

眼见魏襄王脸色越来越沉重，张仪知道他的话已经奏效，这些依旧还不够，张仪仍需要再加火力。"梁南与楚而不与齐，则齐攻其东；东与齐而不与赵，则赵攻其北；不合于韩，则韩攻其西；不亲于楚，则楚攻其南：此所谓四分五裂之道也。"

此处"梁"即大梁，乃是魏国都城，代指魏国。此句张仪再叙魏国所处境况之艰难，不与四方各诸侯国处理好关系，便有多处受敌的险境。

魏国的种种不利，张仪一一罗列，吊起了魏襄王急于寻求脱困办法的胃口。就在这时，张仪恰到好处地提出了他的意图，那就是与秦国合作，亲近秦国，以秦国为靠山，那么周围各国便有所顾忌，不敢轻举妄动了。

这是一个诱人的提议，魏襄王不能不被诱惑，在一夜的考虑之后，魏襄王放弃了公孙衍的合纵，转而支持张仪联合秦国攻打其他诸侯国的政策，这是一个迫不得已的抉择，注定也是不会长久的。

魏国通过张仪与秦国结为同盟，秦国拉拢魏国的计谋成功，便利用魏国开始了他的新一轮的扩张，尽管道路是曲折的，但是前途是一片光明的。

合纵再起

在张仪一番唇舌之下，事实非常残酷地摆在了眼前，不容逃避，而硬拼蛮干却注定是于事无补的，在这种境地之下，魏王屈服了。张仪作为牵线者，充当了使者的角色，通过张仪，魏国与秦国成为一个战线。

魏王被迫屈服，却也有他自己的打算，那就是利用秦国的力量来抵挡齐、楚两个大国。事实证明，魏王的如意算盘跟秦国的意图背道而驰。秦国关心的只是它的连横，魏国只是第一步棋，接下来就是吸收韩国乃至更多的国家加入它的阵营。确也如此，韩国很快也加入了它们的阵营。我们不得不承认，魏国、韩国也有苦衷，那就是秦国的不可一世。因此当秦国失利时，这种同盟就显得尤为不稳定。

魏国、韩国被拉入同一阵营，秦国心头的一块石头落地了，路一步一步地走，目标一个一个地实现，秦国将下一个目标投向了齐国。齐国、楚国是可与秦国同日而语的大国，在尚能够与秦国对抗之前，它们自然是不肯轻易投降的。

秦国要攻打齐国，要途经魏国、韩国，而将这两个国家拉入自己的阵营，已经为攻打齐国铺好了道路。看来，对于秦国来说，这是一场势在必得的战争。但是，事情并没有计划得那么顺利，齐威王不是一个好惹的主，在齐国顽强的抵抗之下，秦军大败，这样的结局是秦国所始料未及的，而随之而来秦魏同盟也开始动摇。

前面我们讲过，魏王是在迫不得已的情况下屈服，通过张仪与秦国结盟，而齐国、秦国一战让魏王重新看到了希望。魏国处于困境之中，其他诸侯国又何尝不是？而秦国也不是坚不可摧，不可战胜的。

秦国战败，是张仪连横政策一大失败，张仪狠狠摔了一跤，紧接而来的是形势的变化，魏国境内主张合纵政策的势力见有机可乘，又纷纷抬头，活跃起来。

自从张仪掌权，公孙衍为首主张合纵的谋士便低调行事，伺机东山再起，此次，连横遭遇挫折，给了他们机会，魏国境内有一批主张亲齐的势力时机恰当地活跃起来，而与此同时，齐国、楚国也要求驱逐张仪，再谈合纵。

公孙衍能够与张仪成为政敌，自然也不是简单人物。张仪来到魏国的所作所为，均被公孙衍看在眼里，恨在心里，只是一朝失势而已。但是形势旦夕即变，公孙衍唯有耐心等待，然后再恰当时机地采取行动。

见有机可乘，公孙衍再次站了起来，准备给张仪一个下马威，将其赶走。为此，公孙衍开始了造谣生事的一系列举动。公孙衍先是秘密派人到韩国，送去了机密小道消息，秦国、魏国结盟的真正的目的乃是联合起来，共同对抗韩国。这一消息犹如一块巨石，在韩国激起了千层浪，谣言四起，人心躁动起来。

公孙衍所说虽无真凭实据，却也并非空穴来风，因而十分具有说服力。秦国野心勃勃，路人皆知，其问鼎中原的志向已经不是什么秘密了。多年来，秦国均未能如愿，不过是因为秦国地处关内，外有大国魏国阻挡；现今魏国虽然已经威风不如往日，但是瘦死的骆驼比马大，有魏国这块绊脚石存在，秦国人主中原的日期就得推迟。

现下，秦国与魏国结为同盟，秦国东进不但不会有阻碍，还会有魏国的相助，而韩国首当其冲。所以这样的形势，对韩国是十分不利的，可是韩宣王却认贼作父，甘于当秦国小弟，这是极为不明智的。

韩国重臣公叔本就不赞成与秦国结盟，这下更有了反对的理由，韩国境内驱逐张仪的呼声高涨起来。公叔在与公孙衍的频繁交往中，对公孙衍的才华十分赏识，常常宴请公孙衍，商讨国家大事，有委以重任的趋势。

公孙衍针对韩国处境，提出了保韩国的万全之策，第一步就是拆散秦国与魏国的联盟。秦、魏联盟一旦被拆散，韩国就安全了，因为如此一来，魏国无暇自顾，根本无力攻打韩国，而秦国出关又有魏国抵挡，也无法攻打韩国，这可谓是针对韩国与周边形势提出来的一个上策，韩宣王也不禁叫绝。

韩宣王认定了明确的目标，便马不停蹄为之奋斗，先是将国家重任委以公孙衍，随后又任其为相国，全权办理外交事务。公孙衍大展身手的时候到了，他将一贯倡导的合纵政策再次拿上台面。此次，他的意图是首先拉拢齐国，齐、韩结盟以后，凭借齐国、楚国的铁杆关系，楚国必然也会加入进来，赵国、燕国自然也会很识相地尾随而至，这一计策不仅完美，而且可行。

其实，不需要公孙衍的拉拢，齐国、楚国就已经与秦、魏联盟势不两立了。秦国、魏国的结盟，让齐国、楚国甚是不安，对它们来说，一个秦国就已经难以应对，再加上魏国那更是雪上加霜。齐国、楚国公开反对张仪，要求公孙衍担任魏国丞相，在这样的呼声之下，魏王开始动摇。

面临这样的压力，张仪知道已经大失君心，唯有加快让魏王投向秦国的进程。面临张仪咄咄逼人要求魏国投降秦国的建议，魏王更加反感，不满情绪终于爆发，最终下令驱逐张仪。

入魏四年之后，张仪在一阵唾骂声中灰溜溜地回到了秦国，到了秦国的张仪，仍是一个香饽饽，受到秦惠文王的重用。尽管遭到暂时的失败，张仪发扬连横的决心仍然没有改变，而事实也证明，连横仍旧是一个不错的出路。

秦国见张仪的连横政策没能奏效，软的不行只能来硬的了，秦惠文王出兵攻打魏国。秦军气势汹汹，以咄咄逼人的姿态开进魏国，这个时候，公孙衍挺身而出，再倡合纵，这一主张立即得到了东方各国的支持，毕竟强秦都打到家门口了，再不联合起来，就只能等亡国了。

公孙衍一时之间成了人人敬仰的大人物，齐国、楚国、赵国、燕国纷纷宴请他参与各国决策大事。魏王见形势如此，也不甘于人后，对公孙衍的态度也来了个大转变，让其主持魏国政事，并授予丞相一职。公孙衍春风得意，往来于东方各国之间，均被视为上宾，一时之间好不得意。

在公孙衍的倡导下，东方各国的合纵联盟再次形成，此次联盟有六个国家：楚国、齐国、赵国、韩国、燕国、义渠。前面五国我们都有提到，暂且放在一边。话说义渠，乃是西方少数民族政权，与秦国相邻，而两国时战时和，关系十分不稳定。当年义渠内乱，秦国趁此时机攻入义渠，一举拿下，自此义渠成为秦国的属地，但是这种隶属关系同样是十分不稳定的，秦国不得不随时应对义渠的叛乱。

公孙衍能够将义渠拉入六国阵营，这是走得非常有战略意义的一步棋。义渠在秦国后方，秦国东进不得不有所顾忌，而东方各国又可与义渠形成东西夹击之势，这对秦国是一个巨大的威胁。

六国同盟以楚怀王为纵长，初具规模，公孙衍的合纵政策小有成就。但是这一看似强大的联盟实质上矛盾重量，这注定了此次合纵的结局。

团结才有力量

"团结就是力量,团结就是力量,这力量是铁,这力量是钢,比铁还硬,比钢还强……"不管有多么的老掉牙,不可否认,这首歌陪伴过每一代人。朗朗上口的音律,简洁却充满力量的歌词曾经让年轻的我们气血澎湃。至今,仍有不少的企业、单位将"团结就是力量"这句话视为激励人心的座右铭。

团结就是力量,在个性化张扬的今天,团结仍旧是一个法宝。团结,一切困难都可以迎刃而解;团结,任何敌人都不在话下。一个组织没有了团结,就如同一盘散沙,终究端不起来,成不了事。

天时不如地利,地利不如人和,只有团结的力量才能撑起一片天。当一个诸侯国遭遇了六个诸侯国,结局却是那么地出人意料,更加验证了这句话的真理性。

公孙衍登上魏国相位,轰轰烈烈地以掩耳不及迅雷之势组织起了合纵同盟,非常漂亮地打了一个翻身仗。政敌张仪灰溜溜地回到秦国,对秦惠文王满是歉意,所幸秦惠文王没有跟张仪计较,仍旧对其委以重任。

公孙衍恰到时机地一声号召,引东方各国纷纷响应,事情进展顺利,不论是公孙衍还是各国诸侯王对此次合纵均寄予极大的希望。但是,嘴巴上的支持不过是张张嘴的事情,一旦到真的需要拿出实力真刀实枪要上阵的时候,当真有不少的退却者。

秦国张仪的连横拉拢政策以失败告终,秦惠文王心中不痛快,敬酒不吃吃罚酒,只有给它们一点颜色看看,让它们知道厉害,方能迫使它们屈服。秦惠文王发兵往西攻打义渠,往东攻打魏国、韩国,其咄咄逼人的气势让六国加快了合纵的步伐,并推举楚国国君楚怀王为纵长,准备以联军之力共抗秦国,史称"五国伐秦"。

"五国伐秦"的说法是一种非常流行的说辞。实际上,根据后人的研究与总结,此次伐秦参与者是六国,分别是魏国、齐国、楚国、韩国、燕国和赵国。这种说法在《战国策·魏策一》中得到证实,而在《史记·楚世家》之中,也有"山东六国共攻秦"这样的记载。

流行版的"五国伐秦"之中没有魏国,这种说法跟常理亦有相悖之处。一方面,公孙衍在组织合纵期间,乃是魏国丞相,他组织合纵,必然是受到魏王的许可的,若是他的合纵同盟之中没有魏国的参与,这于情于理都说不通。另一方面,魏国将张仪驱逐，这本身就意味着与秦国翻脸，魏王不可能不入合纵同盟寻求庇护。从这两方面讲，魏国是参与了伐秦同盟的。

秦国已经在函谷关做好了应战准备，而合纵同盟这边仍旧没有做好出兵的准备，究其原因仍是"利益"二字。各国利害不同，各国君主又有各自的打算，所以没有触及实际利益，而又不是那么迫在眉睫的诸侯国均不愿意多出兵，这样同盟之间互相推诿，人心涣散，成了一盘散沙，迟迟难以集齐军队出兵。最终，战场上的有生力量也只有韩国、赵国、魏国的军队而已。

在漫长的整军之后，联军出发了，浩浩荡荡赶往函谷关，却被早已恭候多时的秦军当头痛击。联军组织混乱，不堪一击，一时之间就失去了纪律，落荒而逃者、踟蹰不前者不计其数。各诸侯国均不愿意多出力，之间的矛盾更加尖锐，反倒是自乱了手脚。

魏国损失惨重，不愿意再战，便转而向秦国求和，其他五国见此也不再恋战，纷纷撤退，联军最后竟然演化到了不攻自破的境地，真是可悲。

楚国作为实力最强者，而楚怀王又作为纵长，却没有撑起大旗，起到顶梁柱的作用。其实，在被授予纵长这样的荣职之后，楚怀王的态度是非常积极的，楚国抵抗秦国的决心也是非常坚定的。但是随着战争形势的发展，失利的趋势越来越明显，楚怀王不得不为自己的国家优先考虑。

在这样的关键时刻，主事的魏国、楚国先后退缩，向秦国竖起白旗，摇尾乞降，韩国、赵国均是不能与强秦相匹敌的小国，这样的形势就注定了联军的失败。六个诸侯国，这是一个非常强大的实体，若是论实力，秦国焉能相比？但是失败的结局就明明白白摆在了那里，其中道理无外乎各自为政，不能团结。

面对惨败的结局，六国本当反思，但是，让人遗憾的是战败之后，联盟之中充斥的满是投降的气息。魏国、楚国一马当先，带了一个投降的"好头"。这两个大国是合纵联盟的重头，它们一投降，其他诸侯国也就退缩了，不过其中也有特例，赵国就是一个。

周慎靓王四年（前317），也就是秦军与联军开战的第二年，魏国投降，秦军以庶长樗里疾为主将，领兵乘胜追击，再攻联军。两军在修鱼交锋，联军大败，被斩首八万有余，韩国将领申差也被俘，联军投降，只有赵国应战，不肯屈服。

赵国不肯求和，战争仍在继续，这个时候出现了极其戏剧化的一幕。秦国继续追击赵国，而本是合纵同盟国的齐国竟然也加入了攻打赵国的行列，这样一来，形势全乱了，合纵同盟竟然自相残杀了。

齐国是个大国，因为与楚国的联盟关系被拉入了合纵联盟，在与秦国的战争中，一直低调行事，不肯多出力。而此时，见赵国被秦军追得抱头鼠窜，转而落井下石，背叛了联盟，这种乘人之危的卑鄙行径十分让人气愤。

齐国为什么在赵国落难的时候雪上加霜？其中缘由不过就是想从中分一杯羹，夺取赵国一块领地罢了。齐国与秦国一向势不两立，都有争夺霸主的志向，一山不容二虎，两国均在较劲，扩张领地，强国壮兵。眼见赵国穷途末路，便想轻而易举从同盟诸侯国身上吸一点血，壮大自己。

没有永远的朋友，只有永远的利益，因为利益，朋友成了敌人，赵国本就势单力薄，哪里招架得住两个大国的进攻，最终还是屈服了。最为顽强的赵国投降了，六国合纵联盟彻底失败了，公孙衍眼见着这些，估计要气得瘫坐在地上。

六国伐秦以失败告终，这是公孙衍合纵政策的又一次失败。有人说，合纵政策的实践虽然遭遇了多次失败，但是并不意味着合纵政策是错误的，从理论上讲合纵是符合当时各国国情与实际的。

确实，合纵政策是一个弱小国家求生存的完美战略，但是，理论与现实总是存在很大差距，一个好的理论若不能很好地融入实践之中如何能被称为成功的理论。也有人说，如若各国真能够很好地履行公孙衍的合纵政策，真正团结起来，共同对抗秦国，那么天下形势便不会如此。但是，历史不是舞台剧，可以用"如果"来排练，事实就摆在那里。

合纵需要多个诸侯国的参与，但是各个诸侯国利害不同，离心离德是很正常的，这就注定了合纵要比连横困难得多。而公孙衍与张仪这对政敌的战争，从一开始就不在同一个起跑线上。公孙衍的道路愈来愈艰难了。

韩国来了公孙衍

明月当空，皎洁的月光洒向大地，虽然已经入夜，但庭院中仍旧明亮一片，不禁让人感叹，今晚的月色真美。此时正是人们酣睡之时，非常宁静，只闻声声叹息，细看之下，原来庭院之中还有未眠人。

举杯邀明月，对影成三人，这样的场景早了李白九百年，一个落寞的身影在院中独酌，又是一个伤心人。月光洒在他的额头，只见眉头不展，只闻声声叹息，看那背影，听那声音，却是公孙衍。

眼见六国同盟攻打秦国以失败告终，公孙衍怎能不叹息，这是合纵政策的再一次失败，纵使公孙衍有耐性，各诸侯国国君也已经大失所望了。不可否认，公孙衍是极具战略眼光的，而他的个人才华也是非常人所能及。但是，令人称赞的战略，满腹的才华，换来的却是一次又一次的失败，其中的道理真是让人难以想明白。

若说怀才不遇似乎又欠妥当,毕竟公孙衍也曾登上舞台演出了几场重头戏。只能说是天外有天,人外有人,张仪的连横正是合纵的克敌,也许公孙衍应该像周瑜一样仰天长叹:"既生瑜,何生亮?"

六国合纵失败以后,魏国境内的形势变化对公孙衍非常不利,魏襄王的失望,政敌的中伤,以及权力的丧失,让公孙衍备感压力。面临这样的情形,公孙衍已经没有反驳的资本,毕竟失败在先,怨不得旁人指责。

大臣田需素来与公孙衍不合,见公孙衍失宠,便落井下石,暗中向魏襄王进言,多次指责公孙衍。而田需的党羽以及公孙衍当政期间曾与他有过过节的人,纷纷站出来指责公孙衍,如此一来,魏襄王对公孙衍不但不信任,还开始有了反感。魏襄王将魏国大权转交田需,公孙衍失势,日子过得甚是窝囊,昔日的阿谀奉承变成了今日的冷眼相看,这样的屈辱让公孙衍甚是难看,知道在魏国待不下去了,公孙衍不得不为自己谋出路。

公孙衍打算到韩国去,一方面韩宣王对他非常赏识,另一方面,公孙衍与韩国大臣公叔有些交情,所以在韩国也许能够谋得一份好的差事。但是,所谓有仇不报非君子,公孙衍是个有仇必报、恩怨分明的人,在走之前,还要办一件事情。

因为田需的指责与中伤,公孙衍失去了魏襄王的信任,遭遇众人的白眼,这个仇,公孙衍不得不报。田需想要掌握魏国大权，最具杀伤力的报复就是让他美梦破灭。公孙衍一走，田需必然继任丞相一职，掌握魏国大权，所以必须要给他树立一个强有力的敌人来阻止他美梦成真。

公孙衍想到一个合适人选，此人是齐国公子田文。公孙衍向魏襄王进言，以田文接替自己担任丞相一职，魏襄王欣然应允。魏襄王对公孙衍已经失去信任，为何能够采纳公孙衍的进言，其中的蹊跷众人自然明了。田文乃是齐国公子，若能以他为宰相，必然能够得到齐国的支持，这对于已经千疮百孔的魏国来说，是一件好事，魏襄王何乐而不为呢?

魏国这边，公孙衍完成了交接，而韩国那边，丞相之职也已经为公孙衍准备多时，一个有才华之人，到了哪里都是香饽饽，这是亘古不变的真理。公孙衍轻装上路，虽然遭遇排挤，但是报了中伤之仇，已经令公孙衍一扫阴霾，投入到新一轮的战斗中去了。

事实证明公孙衍的眼光非常独到，正如他所安排的，他的政敌田需的好日子没有如期到来。田文虽然在此之前并没有什么名气，但是"孟尝君"的美名终究名扬天下，而田需也始终未能够超越，估计在田需的心里不知道把公孙衍的祖宗八代骂了多少遍。

公孙衍来到韩国，仍担任丞相一职，可见韩宣王对其给予了厚望，只是这一次，公孙衍能否扭转乾坤，也让人替他捏了一把汗。

公孙衍一门心思抱着合纵的梦想，来到韩国之后，依旧开始策划新一轮的合纵计划。公孙衍的耐心已经到了极限，在此之前他组织了多次对秦国的进攻，均以失败告终，这对公孙衍来说是已经是巨大的打击，他因此也被排挤出了魏国。一次两次的失败就足以让各诸侯国君主失望，失败若再次袭来，公孙衍就再也没有颜面活跃在历史的舞台上了，所以现在是一个打翻身仗的机遇，公孙衍已经经不起再次的失败。

公孙衍以最快的速度投入到合纵运动中，其决心之大，让秦国倍感不安。因此，秦国在修鱼大败合纵联盟之后，继续进攻韩国。作为韩国丞相，公孙衍担起了顶梁柱的重担，领兵与秦军相抗。

两国开战以后，韩国明显处于弱势地位，此时六国仍是同盟，却没有一个诸侯国出兵相助，真是悲哉。战败的消息接二连三传来，韩国内部出现了投降的声音，公孙衍见已经无力回天，也便不抱任何希望了。随着形势的发展，韩国内部投降的声音已经成为主流，韩国大臣公仲朋主张以割地来换取和解，并决定与秦国一同伐楚。

韩国要投降并打算伙同秦国一同出兵楚国的消息传到楚国，正在一旁看热闹的楚怀王万万没有想到，火势已经扑向了自己这边，他连忙召集大臣商讨应对策略。这般那般讨论之后，终于定出了一个完美计谋。对于楚国来说，这确实是一个不错的策略，同时，也意味着韩国策略的失败。

楚怀王派使者到韩国，告知韩宣王楚国要出兵救援韩国，一同对抗秦国。楚怀王让士卒、战车伪装整军待发，做出了出兵的姿态。楚国是个大国，韩宣王以为有了楚国作为倚靠，便可以不用仰仗秦国，便取消了与秦国割地求和的计划，在战场上继续与秦军周旋。

　　秦国被韩国狠狠地玩了一把，本打算收兵的秦王对韩国发起了更加猛烈的进攻，而楚国那边，只见有出兵的打算，却迟迟不见援军到来，韩宣王才知道掉进了楚怀王的陷阱。但是，这个时候若是再向秦国提割地求和的事情，似乎已经为时过晚了，只有硬拼死扛了。两军相持一年多，韩军再也没有余力支撑，狼狈不堪，步步退让，终以失败告终。

　　对于公孙衍来说，这无疑又是一次难以承受的打击，无情的失败让公孙衍再也没有颜面在韩国待下去了，毕竟在落魄的时候是韩宣王重用了他。公孙衍给了韩宣王希望，带给他的却是失望，君臣不必多说，只有数不尽的无奈，公孙衍的出路也已经注定。

　　走投无路的公孙衍在韩国混不下去，再次回到魏国。公孙衍在离开魏国的时候尚且摆了政敌田需一道，田需对他更加怀恨在心，而大臣之中又不乏对其怨恨者，现在公孙衍灰溜溜地回来了，自然不会得到好脸色，可以想象公孙衍的日子怎么会好过。

　　就在这样悲愤交加的日子中，公孙衍含冤而死，他的死也极具悲剧色彩。公孙衍与大臣陈寿积怨甚深,田需为置公孙衍于死地,便命人将陈寿杀死嫁祸给公孙衍,公孙衍无力反驳,只能蒙受不白之冤,后被处死。一代风云人物就这样陨灭了,而在这一过程中,最为无辜的当属陈寿了,他成为一个彻彻底底的牺牲品,不禁让人感叹,世事无常,利益之争中,一不留神就成了牺牲品。

公孙衍死了,合纵战略却没有随之而去,合纵虽终以失败告终,却已经深入人心,依旧在历史的舞台上上映,那是公孙衍没有逝去的灵魂。

义渠之乱

螳螂捕蝉，黄雀在后，军事战争中最为惧怕的莫过于此，因此，解除后顾之忧的战前准备必须要做到位，秦国在出征六国之时，便考虑到了这点。秦国的西部邻居是一个小国——义渠国，多年来与秦国为敌，千里之堤尚且能够毁于蚁穴，秦国要东进必须要防止义渠在背后插刀。

话说这义渠到底是一个什么样的民族，这还要从遥远的历史说起。义渠在商朝之时就已经存在，那时，义渠是羌戎民族的一个分支，以游牧为生，居无定所，大体活跃在今天宁夏固原草原和六盘山、陇山两侧。

居住在陇东的鬼方与义渠常常因为领地而互相攻击，但是义渠与商王朝的关系较为和洽，而鬼方与商王朝势不两立，常年战争，而战败方多是鬼方。鬼方逃走以后，义渠就趁机占领了陇东大片地区，势力不断扩大。

随着义渠领土的扩张，人口的增加，义渠的生存状态也逐步发生变化。陇东地区与农耕民族相邻，此地土地肥沃，水草丰美，除了可以发展畜牧业外，还可以发展农耕业，而在与农耕民族的交往中，义渠民族也学会了农耕的技术，农业成为义渠人民的第二产业。

当农业得到稳定发展后，游牧状态就不再适合义渠民族了，义渠生活逐步走向定居，并且建立起了自己的城堡和村落，彻底改变了游牧的生活，走进了半农半牧的生活。

好日子没过多久，西周建立以后，多次镇压少数民族，义渠也未能幸免，但是义渠毕竟还流淌着游牧民族的血液，强悍好斗的本性依然不减。少数民族的激烈反抗让西周王朝很是伤脑筋，最后只得转变策略，以安抚为主，战争为辅，义渠也便臣服于周王朝。

有了周王朝的庇护，义渠的发展更加无阻，再加上所处的地理环境优越，义渠很快发展成为一个强大的民族。同时，义渠还训练了一支所向披靡的骑兵，其气势令人生畏。有了实力，义渠便有了摆脱周王朝的野心，只是时机尚未来临。

西周末年，西周王室气数将近，"小人在位，君子在野"是对这时的周王室最好的诠释。"烽火戏诸侯"的闹剧一演再演，国人强烈不满，而天灾人祸又纷至沓来，西周王朝摇摇欲坠，危机四伏。少数民族犬戎趁机起兵，周王朝无力抵抗，西戎长驱直入，势如破竹，直达城下，昏君周幽王在骊山被杀。

趁着周王朝内乱，义渠脱离周王朝的统治，建立了自己的国家。从此，义渠国载入史册。西周灭亡以后，东周虽然尚存，却已经千疮百孔无力于对少数民族控制了。

没有了束缚，义渠犹如脱了缰的野马，撒起了欢。义渠东征西讨，将周边少数民族尽归于自己的势力范围。这一时期义渠的势力范围不可谓不大，西至西海固草原，东达桥山，北控河套，南到泾水，面积约十万平方公里，包括近川、陕、青、甘、宁等地，其主要势力范围在今甘肃省宁县西北部一带。

偌大一个面积呈现在我们面前，相比于能够提上榜单的春秋战国时期的大国，义渠并不比它们小。令人惋惜的是，强盛一时的义渠终被秦国灭亡，而义渠的遗址也已经没有了痕迹。若是没有史书的记载，它将被湮没在历史的长河之中，义渠留给我们的只有无尽的想象了，这些都是后话，回到我们的话题上来。

历史走进春秋战国时代，义渠仍旧持续稳定发展，与义渠的发展相并存的是和秦国反复不断的战争。虽然日益汉化，义渠仍旧保持着好斗的传统，随着实力的壮大，义渠向南扩张的野心也越来越强烈，这不可避免地要与秦国发生冲突，而义渠也有与秦国相抗衡的实力。

义渠是一个凶悍的民族，全民皆兵，战时作战，闲时放牧务农，他们的民族精神是以"战死为吉利，病终为不祥"。有着这样的信仰，士卒在战争之中无不英勇。义渠最为让人忌惮的，当数它的突击骑兵。义渠民族善骑马，马术了得，遇到战争，突击骑兵神出鬼没，势如闪电，却让人摸不到头脑，对于这样一支骑兵，秦国也是伤透了脑筋，没有半点办法。

公元前4世纪前后是义渠最为强盛的时期，这一时期，义渠不断南下，其疆域东达陕北，北到河套，西到陇西，南达渭水，面积约二十万平方公里，领土是东周初期的两倍。与这一时期的中原大国不相上下，若是论及战斗力，恐怕还会有过之而无不及。这样一支不可一世的战斗力有朝一日若是入主中原，历史便要改写了。也许义渠有这样的野心，但是它也不得不面对事实，内乱的频仍让它无暇南顾。

繁华过后，义渠便开始走下坡路，战争没有把义渠打倒，但是面对内乱，义渠明显经验不足，自家起火，这是历史上众多王朝没有逃脱的命运。义渠陷入漫长的内乱，这给了秦国一个千载难逢的机会，秦国大举进攻义渠，义渠仓促应战，却又不能同心，结果造成大败，国君被俘，成为国耻。

经历了商鞅变法之后的秦国，迅速崛起，以至于成为众矢之的。秦国与魏国一役，夺得魏国大片领土后，趁义渠内乱再攻义渠，这一次义渠再遭惨败，义渠被占领，义渠迫不得已臣服于秦国。秦惠文王在此建立了义渠县，义渠以国为县，以君为臣，对于义渠来说这是奇耻大辱，形同亡国。

义渠的臣服是无奈的，在骨子里仍以秦国为敌，秦义的战争并没有因此而结束，义渠伺机而动，只是没有找到合适的时机。等待，等待，忍耐，忍耐，上天终究没有枉费他们的期待。

这年，公孙衍的合纵正如火如荼，非常具有战略眼光的他准备将义渠也拉入到伐秦同盟中来，义渠的地理位置与秦国的恩怨对秦国来说是一个致命的武器。秦国在义渠与东方六国的包围之下，各国之间若当真能够好好配合，只等瓮中捉鳖，拿下秦国不在话下。若真能够如公孙衍所想，历史就又是另一番场景了。六国终究让公孙衍失望了，所幸义渠还有点点星光。

非常恰到时机的，义渠的国君来到魏国，公孙衍急忙向他灌输合纵思想，义渠国君对秦国早就恨之入骨，当然乐意与六国站在同一战线。义渠国君回到义渠，暗中部署攻打秦国之事。

眼见六国同盟形成，秦惠文王绝对不会坐以待毙，整军待发，做好了应战的准备。周全如秦惠文王，自然也考虑到了义渠，若后院起火，那自然不能前后兼顾，所以必须要解除后顾之忧。秦惠文王有求于义渠，便派人向义渠国君献上"文绣千匹，好女百人"，意图与义渠修好。义渠国君一口应允，而士卒却已经做好了完全的出征准备。秦惠文王不疑有他，将大批主力派往前线。

六国联军多是乌合之众，不堪一击，魏国、韩国相继投降，秦国乘胜追击不肯求和的赵国。正当秦军与赵军酣战之时，义渠的大军猛攻秦国大本营，秦国留在本部兵力有限，不得不暂时放弃对赵国的战争，班师回朝。

　　义渠在战争中收回了部分失地，但是，秦国实力毕竟尚在，在回师不久，秦国就调遣重兵三面包抄大举攻入义渠，蚕食了大半义渠国土，义渠从此丧失了与秦国相抗衡的势力。后又经历了大大小小将近四十年的战争，义渠终究被秦所灭。